# स्वयं सहायता समूह

*(आपकी खेती में एक और फसल)*

यह पुस्तक डी. एफ. आई. डी., यूके द्वारा संपोषित एक एन. आर. एस. पी. परियोजना व पी.डी. 140 (R7839) की परिणति है। पुस्तक में व्यक्त विचार सी. पी. एस. एल. के अपने हैं। यह आवश्यक नहीं कि डी. एफ. आई. डी., एन. आर. एस. पी. का दृष्टिकोण भी वही हो।

This document is an output from a project PD140 (R7839) funded by the UK Department for International Development (DFID) for the benefit of developing countries. The views expressed are not necessarily those of DFID and N.R.S.P.

सेण्टर फॉर प्रोमोटिंग सस्टेनेबल लाइवलीहुड
करपूरा मून पैलेस, फ्लेट न. 107, रोड न. 37,
चितकोहरा, अनिसाबाद, पटना, बिहार, इण्डिया

ईमेल : cats1962@sify.com
cpslbihar@sify.com

फोन : (+91) (0612)2257517, 9431012521

लेआउट डिज़ाइन : विभास दास

**वाणी प्रकाशन**
**नयी दिल्ली-110002**
फोन : 011-23273167, 23275710, 41562622
फैक्स : 011-23275710
E-mail : vani_prakashan@yahoo.com

# स्वयं सहायता समूह

आपकी खेती में एक और फसल

वाणी प्रकाशन का लोगो
विख्यात चित्रकार मकबूल फिदा हुसेन
की कूची से

ISBN : 81-8143-559-1

वाणी प्रकाशन
21-ए, दरियागंज, नयी दिल्ली-110002
द्वारा प्रकाशित

प्रथम संस्करण : 2006 मूल्य : 250.00

जयभारत प्रिंटिंग प्रेस, दिल्ली-110032
में मुद्रित

SWAYAM SAHAYATA SAMOOH

# प्रस्तावना

सी. पी. एस. एल. अपने इन अनुभवों को अपने ही लोगों के बीच सीमित कर नहीं रखना चाहती है, बल्कि इसका उद्देश्य इस तरह के कार्य करने वाले सभी सरकारी या गैरसरकारी संस्थाओं के बीच आदान-प्रदान करने का है। यह इसलिए भी महत्त्वपूर्ण है कि सभी सरकारी और गैरसरकारी योजनाओं में गरीबों की भागीदारी को सुनिश्चित किया जा सके। यह सी. पी. एस. एल. का एक उद्देश्य भी है।

सी. पी. एस. एल. एक पेशेवर और जमीनी स्तर पर कार्य करने वाले लोगों की एक संस्था है। इसके सदस्यों का अनुभव 5 साल से 20 साल तक का है, जो किसी न किसी रूप से ग्रामीण विकास के विभिन्न कार्यक्रमों (सरकारी, गैरसरकारी संस्थाओं) में लगे रहे हैं। इनका अनुभव और प्राप्त प्रशिक्षण सिर्फ राष्ट्रीय स्तर पर ही नहीं रहा है।

ग्रामीण विकास के विभिन्न कार्यक्रमों के अनुभव में सी. पी. एस. एल. के सदस्यों ने महसूस किया कि गरीबों की सहभागिता नहीं हो पाती है। यद्यपि सभी कार्यक्रमों में लिखित रूप में सहभागिता को बहुत महत्त्व दिया जाता है।

इसी बीच सन् 2001 में डी. एफ. आई. डी. (यू. के.), एन. आर. एस. पी.–7830, 7839 अनुसंधान परियोजना, पूर्वी क्षेत्र के लिए भारतीय कृषि अनुसंधान परिसर फुलवारी सरीफ पटना, के साथ शुरू हुई जिसमें रोथमस्टीड रिसर्च स्टेशन (यू. के.) सीरस मैनेजमेंट सर्विस प्रा. लि., बंगलौर, सी. ए. बी. आई. बायो साइंस, इंटरनेशनल वाटर मैनेजमेंट इंस्टीट्यूट, जी. वाई. ए. इत्यादि संस्थाएँ शामिल थीं।

इस परियोजना में सी. पी. एस. एल. के कुछ सदस्य सीरस मैनेजमेंट प्रा. लि. के सलाहकार के रूप में कार्यरत थे।

सी. पी. एस. एल. इन अनुभवों को प्रकाशित करने में स्वयं सहायता समूहों के सदस्यों की आभारी है जो परियोजना समाप्त होने (मार्च-2003) के बावजूद अपने कार्यक्रमों में लगे हैं। सी. पी. एस. एल. इस कार्यक्रम को बिना स्वयंसेवकों के चला नहीं सकती थी। इसीलिए सी. पी. एस. एल. उन सभी स्वयंसेवकों की ऋणी है जो इस कार्यक्रम में किसी न किसी रूप से अपना महत्त्वपूर्ण योगदान दिए हैं। सी. पी. एस. एल. अपने सभी सदस्यों की ओर से सीरस मैनेजमेंट सर्विस के निदेशक एम. एफ. अशोक, परियोजना समन्वय एन. आर. एस. पी. के जॉन गॉट, परियोजना सलाहकार जॉन बेस्ट एवं भारतीय कृषि अनुसंधान परिषद् के पूर्वी क्षेत्र के अनुसंधान परिसर (फुलवारी सरीफ पटना) के निदेशक डॉ. आलोक कुमार सिक्का को धन्यवाद देना चाहती है जो स्वतंत्र एवं सुचारु रूप से इस परियोजना को चलाने में अपना महत्त्वपूर्ण योगदान दिए हैं। वाणी प्रकाशन, नयी दिल्ली, संजय कुमार (देशकाल सोसाइटी) के योगदान को भी सी. पी. एस. एल. नहीं भूला सकती।

अंत में सी. पी. एस. एल. उन सभी पाठकों की आभारी है, जो इस पुस्तक को पढ़कर अपना महत्त्वपूर्ण सुझाव दिए हैं। सी. पी. एस. एल. मायराडा जैसी संस्थाओं को भी धन्यवाद देना चाहती है, जिनका अनुभव इस पुस्तक को लिखने में लिया गया है। सी. पी. एस. एल. पाठकों से अनुरोध करती है कि वे पुस्तक को अवश्य पढ़ें और अपना बहुमूल्य सुझाव हमें दें ताकि सी. पी. एस. एल. अपने आप में और सुधार ला सके।

सी. पी. एस. एल. के सभी सदस्यों की ओर से धन्यवाद।

# अनुक्रम

# इस किताब का उपयोग कैसे करें!

- इस किताब को लिखने का मूल उद्देश्य यह है कि स्वयं सहायता समूह के सदस्यों की सोच को सीमित किया जाए, बल्कि सदस्यों की सोच के दायरे को बढ़ाया जाए, ताकि स्वयं के सहयोग से आगे बढ़ सकें।
- समूह के पास खुद का संसाधन हो वह किसी के ऊपर आश्रित न रहे और अपने संसाधनों का सही-सही उपयोग करते हुए अपनी जीविका में परिवर्तन ला सके।
- फील्ड में प्रवेश करने से पहले इस पुस्तक को अवश्य पढ़ें। पढ़ने के उपरांत किताब में वर्णित सभी खंडों का विश्लेषण कर आपस में चर्चा करें।
- किताब में वर्णित सभी खंडों में सबसे महत्त्वपूर्ण खंड के रूप में बारंबार पूछे जाने वाले सवालों का जवाब है। इस बारंबार पूछे जाने वाले सवालों एवं इसके जवाबों को बार-बार पढ़ें और इसके बारे में विस्तार से सोचें।
- जल्दबाजी में किसी भी प्रश्न का उत्तर एनीमिटर द्वारा स्वयं न देकर ग्रामीणों की आपसी चर्चा पर आधारित जवाब निकलवाना चाहिए, अतः एनीमिटर को धैर्यतापूर्वक, जवाब सोच-समझकर उन्हीं लोगों के द्वारा निकलवाना चाहिए।
- जब आप इस पुस्तक का गौर से अध्ययन करेंगे तो आप पाएँगे कि लेखक द्वारा बारंबार पूछे जाने वाले सवालों का कहीं भी सीधा-सीधा जवाब नहीं दिया गया है।

- सवाल-जवाब के द्वारा ही कार्य प्रारंभ होता है और यह निरंतर चलता रहता है, इसलिए जरूरी है कि आप जब भी क्षेत्र भ्रमण से वापस आएँ तो जिन सवालों का जवाब आपने उस रोज सही-सही न दिया हो तो अपने आप में सुधार कर उपयोग में लाएँ।
- इस तरह के सवाल-जवाब देने में शुरुआती दौर में कठिनाई आती है, लेकिन बाद में बार-बार स्मरण करने पर जब आप अभ्यस्त हो जाएँगे और आप इसका सही-सही उपयोग करेंगे तो आपका काम आसान हो सकता है।
- किताब में वर्णित सवाल-जवाब, डाटाबेस द्वारा तैयार ग्राफ, चार्ट एवं कई तरह के उदाहरण का जिक्र किया गया है, जो ग्रामीण परिवेश के लोगों द्वारा किए गए हैं। इसीलिए आपको किसी नयी जगह में काम करने के दौरान ध्यान देना होगा और गाँव की वर्तमान स्थिति को देखते हुए उसके अनुरूप उदाहरण ढूँढ़ना होगा।
- इस किताब का उपयोग व्यावहारिक तौर पर करें तो फायदेमंद हो सकता है।
- इस तरह हरेक खंड का बारीकी से अध्ययन कर उसके बारे में विस्तार से जानें। समूह निर्माण के पश्चात किताब में बैठक पर ज्यादा जोर दिया गया है, जिसके लिए कुछ पोस्टर्स का इस्तेमाल किया गया है जो बहुत ही महत्त्वपूर्ण है। इसको समझाने में जल्दबाजी नहीं करनी चाहिए। स्वयं ही आपस में चर्चा कर उसी के द्वारा समाधान निकलवाना चाहिए।

# परिचय एवं उद्देश्य

अस्सी के दशक से ही समूह बनाने की प्रक्रिया पूरे देश में चलाई जा रही है। इस प्रक्रिया के दौरान किसी-किसी राज्य में बहुत अच्छे परिणाम आए हैं। हिन्दी बोलने वाले राज्यों में समूह अभी भी कठिन दौर से गुजर रहा है।

नार्बाड की जानकारी के मुताबिक आधे से अधिक समूह केवल आंधप्रदेश में बना है, जबकि केवल डेढ़ प्रतिशत समूह बिहार जैसे राज्य में बना है।

जिस राज्य में अधिक समूह भी बना है वहाँ भी इस प्रक्रिया में लोगों की कितनी सहभागिता है? सहभागिता लाने की प्रक्रिया क्या है? क्या लोग सोचते हैं कि समूह उनके घर के खेती में एक और फसल मात्र है? किसी समूह को उनकी आवश्यकता के अनुकूल बनाया जाए?

इस तरह के समूह के लिए क्या हमें बहुत पैसे की आवश्यकता है या फिर नार्बाड जैसे विभाग द्वारा छोटी-सी सहायता से, ये काम कर सकते हैं?

ये सब बातें लेखक के दिमाग में पिछले अठारह वर्षों से घूम रही थीं। इन अठारह वर्षों में लेखक ने डी. एफ. आई. डी. के द्वारा सम्पोषित विभिन्न परियोजनाओं में काम किया। बहुत कम प्रयोग ऐसे हैं, जिसमें सहभागिता इस ढंग की है कि कोई परियोजना स्वावलंबी हो सके।

इन सब तथ्यों को ध्यान में रखते हुए लेखक ने डी. एफ. आई. डी., यू. के. द्वारा सम्पोषित एक शोध परियोजना में 2001 में बिहार के पटना जिले में काम शुरू किया था। इस परियोजा के माध्यम से अनुभव हुआ है कि सभी लोग अपने जीविकोपार्जन के लिए काम करते हैं। अगर सब लोग अपने जीविकोपार्जन

के लिए काम करते हैं, और उनके जीविकोपार्जन में सुधार हो रहा है, तो संभव है कि ये कार्यक्रम स्वावलंबी हो सके। इस बात के सबूत ये भी हैं कि परियोजना के समापन के पश्चात् भी लोग खुद कमा रहे हैं या कमाने की आशा में कार्यक्रम को चला रहे हैं।

उपर्युक्त परियोजना का उद्देश्य था कि गाँवों में एक स्थायी संस्था खडी हो सके जो प्राकृतिक संसाधन का अच्छी तरह प्रबंध करते हुए अपनी बातों को और संस्थाओं तक पहुँचा सके, तथा वहाँ से मदद ले सके। इन सभी विधियों से उनके जीविकोपार्जन में लगातार सुधार हो सके। परियोजना मुख्यतः भारतीय कृषि अनुसंधान परिषद् पूर्वी क्षेत्र—पटना, सीरस मैनेजमेंट सर्विस प्राइवेट लिमिटेड, रोथमस्टीड रिसर्च यू. के. की भागीदारी थी।

चूँकि परियोजना प्राकृतिक संसाधन के बेहतर उपयोग के लिए थी, इसलिए परियोजना टीम के एक वर्ग का मानना था कि इसमें भूमिहीन ग्रामीणों का कोई रोल नहीं है और उनके लिए अलग से कोई कार्यक्रम रखा जाना चाहिए। टीम के दूसरे वर्ग का कहना था कि पहले से परियोजना का उद्देश्य न बताकर उनसे बातचीत करने का प्लेटफॉर्म तैयार किया जा सके जिसमें उनके विचारों को जाना जा सके।

परियोजना के लोगफ्रेम में लिखा गया कि दस से बीस स्वयं सहायता समूह का निर्माण करीब बीस से तीस गाँवों में किया जाए।

इन्हीं दस से बीस समूह बनाने के क्रम में करीब 500 से ज्यादा समूह बन गए, जो पटना के चार प्रखंडों (नौबतपुर, बिक्रम, बिहटा एवं दुलहीन बाजार) में एवं पूर्वी उत्तर प्रदेश के महराजगंज जिले के परतावल प्रखंड में बनाए हैं।

इस स्वयं सहायता समूहों के द्वारा लगभग 5 लाख रुपये की बचत एवं 11 लाख से ज्यादा का आपसी ऋण इस बात का सबूत है कि अगर लोगों की जरूरत के आधार पर यह समूह बनाए तो केवल इसका तेजी से विस्तार किया जा सकता है, बल्कि समूह बनाने के खर्चों को भी कम किया जा सकता है।

इस परियोजना के द्वारा बने समूह केवल 1 वर्ष के अंदर स्वयं चलते हैं, और तीन वर्षों के अंदर समूह बनाने वाले स्वयंसेवकों के लिए जीविकोपार्जन के साधन भी बन जाते हैं।

इन समूहों की क्रिया को देखते हुए कुछ सूक्ष्म ऋण देने वाली संस्थाओं ने आगे आकर स्वयंसेवकों के संस्थान के द्वारा समूहों को ऋण देना भी प्रारंभ

कर दिया है। स्वयंसेवकों की संस्था ने समूहों को कुछ सेवा पहुँचाकर भी अपने जीविकोपार्जन को बेहतर बनाया है।

केवल तीन वर्षों में 500 से ज्यादा समूह का बन जाना और खुद से चलना परियोजना के लिए एक उपलब्धि रही है। इस प्रक्रिया की विस्तार से चर्चा करना, इस पुस्तक का उद्देश्य है। इन प्रक्रियाओं को अधिक से अधिक लोगों तक पहुँचाने के उद्देश्य से ही पुस्तक को हिंदी में लिखने का प्रयास किया जा रहा है।

इस पुस्तक में वर्णित की गई कुछ प्रक्रियाएँ बहुत छोटी दिखती हैं, लेकिन इनका अर्थ और प्रभाव व्यापक है, खासकर तब जब आप इन्हें भागीदारी के नजरिए से देखते हैं। इसका एक उदाहरण नीचे दिया जा रहा है।

इस परियोजना में दो-तीन बैठक के बाद समूह का नाम रखा जाता है। नाम रखने के समय, समूह के सदस्यों का नाम लिख देते हैं। कुछ स्वयंसेवकों ने पूछा कि आप अपने घर के बच्चे का नाम रखने का अधिकार किसे देते हैं? कुछ स्वयंसेवक ऐसे भी थे जिन्होंने खुद से समूह का नाम रख दिया। जो भी नाम समूह के सदस्यों के द्वारा रखा गया है, वे अलग हैं, ये नाम उनके द्वारा ढूँढ़े नामों से मिलते हैं पर स्वयंसेवकों के द्वारा रखे गए नाम (जैसे, आडिया) में बहादुरी काम दिखता है। समूह के सदस्यों द्वारा रखा गया नाम वाला समूह ज्यादातर अभी तक चल रहा है, जबकि स्वयसेवकों द्वारा रखा गया नाम वाला समूह बंद हुआ है, इसलिए भागीदारी अच्छी करने के लिए छोटी-छोटी बातों का ध्यान रखना पड़ता है, अकसर हम इन छोटी-छोटी बातों पर ध्यान नहीं देते और भागीदारी का दौर टूटा हुआ दिखाई देता है।

इस परियोजना में किसी भी सवाल का सीधा जवाब नहीं दिया जाता है। जब भी ग्रामीण सवाल पूछते हैं, तो उन्हें सोचने और निर्णय लेने के लिए प्रोत्साहित किया जाता है, न कि उन्हें समझा-बूझाकर समूह बनाने के लिए राजी करने की कोशिश की जाती है। उनके प्रश्न का उत्तर देने के लिए उन्हीं से कुछ सवाल किए जाते हैं, और इन्हीं सवालों में उनके प्रश्नों के उत्तर होते हैं। उदाहरण के तौर पर पहला सवाल पूछा जाता है, कि समूह बनाने से क्या मिलेगा? उत्तर में उनसे पूछा जाता है, कि वर्तमान में वे क्या करते हैं? उनका उत्तर होता है, कि खेती। फिर उनसे पूछा जाता है, कि खेती में सबसे पहले क्या करना पड़ता है? उनका जवाब आता है, कि जोताई? फिर उसके बाद, बोआई फिर निकाई फिर......फिर फसल की कटाई। सी. पी. एस. एल. का सवाल होता

है, कि क्या हम जोताई के दिन खेत से पूछ सकते हैं, कि कितनी फसल कटेगी? अगर वह नहीं पूछ सकते, तो फिर समूह बनाने के पहले ही दिन यह क्यों पूछते हैं?

पुस्तक के उपयोग में विधि पालन का आवश्यक है। उपर्युक्त सवाल का उत्तर देने के लिए एक घंटे का समय लगता है, अगर कोई इसे समझाने की कोशिश करता है, और उत्तर सिर्फ पाँच से दस मिनट में दे देता है, तो सहभागिता की प्रक्रियाओं को मजबूत कर पाना कठिन होता है। अगर उत्तर एक घंटे में सवाल पूछ-पूछ कर दिया जाता है, तो यह निर्णय लेने में मदद करता है। वैसे स्वयंसेवकों का समूह अधिक टिकाऊ हुआ, जिसने उत्तर देने की सही प्रक्रिया, प्रश्नों को पूछ-पूछ कर दी, परंतु वैसे समूह ज्यादा टिकाऊ नहीं हुए जिसके स्वयंसेवकों ने प्रश्नों का उत्तर सिर्फ 5 से 10 मिनट में व्याख्या कर देने की कोशिश की।

अतः पाठकों से निवेदन है, कि प्रक्रिया के गूढ़ अर्थों को समझने और व्याख्या करने की कोशिश न कर, प्रश्नों को पूछने की कला का उपयोग करें।

अगर सही प्रक्रिया अपनाई जाए, तो समूह बनाना बड़ा ही आसान हो जाता है, और कम खर्च में समूह बनाकर इसे स्थायी किया जा सकता है।

सही प्रक्रिया से बनाया गया समूह, न केवल खुद स्थायी होता है, बल्कि इसे व्यापार की नजर से देखा जा सकता है। सी. पी. एस. एल. ने इसी प्रकार की कोशिश की है। अगर कोई भी संस्था या व्यापारी इस व्यापार में पैसे लगाता है, तो उसे ये पैसे तीसरे वर्ष में वापस हो सकते हैं। इस तरह इस व्यापार का अदायगी (पेयबैक) समय तीन वर्ष होता है। सी. पी. एस. एल. इस तरह के व्यापार को भी बढ़ावा देगी।

लेकिन इसके उद्देश्य को पूरा करने के लिए आपको एक व्यापारी की तरह समूह निर्माण की प्रक्रिया को शुरू करना पड़ेगा। एक व्यापारी की तरह तैयार होकर जाना पड़ेगा ।

ये सब चीजें केवल किताब में नहीं लिखी जा रही हैं, बल्कि इसे पहले गाँवों में करके देख गया। जो चीजें गाँवों में हो गईं केवल उन्हें ही इस पुस्तक में कलमबद्ध किया जा रहा है। अब जरूरत है, इसे ज्यादा से ज्यादा जगहों पर पहुँचाया जाए, और इसी प्रकार के उद्देश्य को ध्यान में रखकर इस किताब को लिखा जा रहा है, और इसमें आपका सहयोग आवश्यक है। हम आपके सहयोग की आशा करते हैं।

इस प्रकार के समूहों के निर्माण के लिए निम्नलिखित प्रक्रियाओं से जुड़ना पड़ता है। सर्वप्रथम यह देखा जाता है कि लोग बैठक के महत्त्वों को समझें और लगातार बैठक में हिस्सा लें। बैठक के बाद उनको क्षमता के हिसाब से बचत करने का निर्णय लेने के लिए प्रेरित किया जाता है। हमारे आँकड़े ये बताते हैं, कि जिस समूह ने तीन रुपये प्रति सप्ताह प्रति सदस्य से ज्यादा बचत का निर्णय लिया, वैसे समूह का लम्बे समय तक चलना मुश्किल होता है और केवल चालीस प्रतिशत समूह ही ऐसे थे, जो तीन रुपये प्रति सदस्य प्रति सप्ताह से बचत शुरू किए थे और अभी तक चल रहे हैं। इसके विपरीत एक रुपया वाले से तीन रुपये वाले ज्यादा समूह अभी तक बचे हुए हैं।

बचत के बाद इस बात पर ध्यान दिया जाता है, कि इस बचत का क्या उपयोग हो, खुद अपने लिए करें न कि केवल इसे बैंक में जमा कर दें, जैसे कि इतने के लिए आप प्रेरित कर पाते हैं, लोगों की आम जरूरत होने लगती है और इसे अपनी खेती का एक रूप समझने लगते हैं, जब लोगों को काम के समय बीमार पड़ने पर इलाज के लिए पैसा मिल जाता है, तो क्यों लोग इसे छोड़ दें। जब लोग खेती करने के लिए जमीन लीज पर लेते हैं, तो फिर क्यों लोग इसे छोड़ें। ऐसा तभी हो सकता है, जब लोगों की सहभागिता हो और लोग अपने लिए खुद फसल तैयार कर सकें।

किसी भी प्रकार का सुझाव, इस पुस्तक में आवश्यक सुधार लाएगा, और इसे उपयोगी बनाएगा। अतः निर्भीक होकर आलोचनात्मक अथवा सकारात्मक सुझाव देने की कृपा करें। सुझाव देने का पता पृष्ठ तीन पर अंकित है।

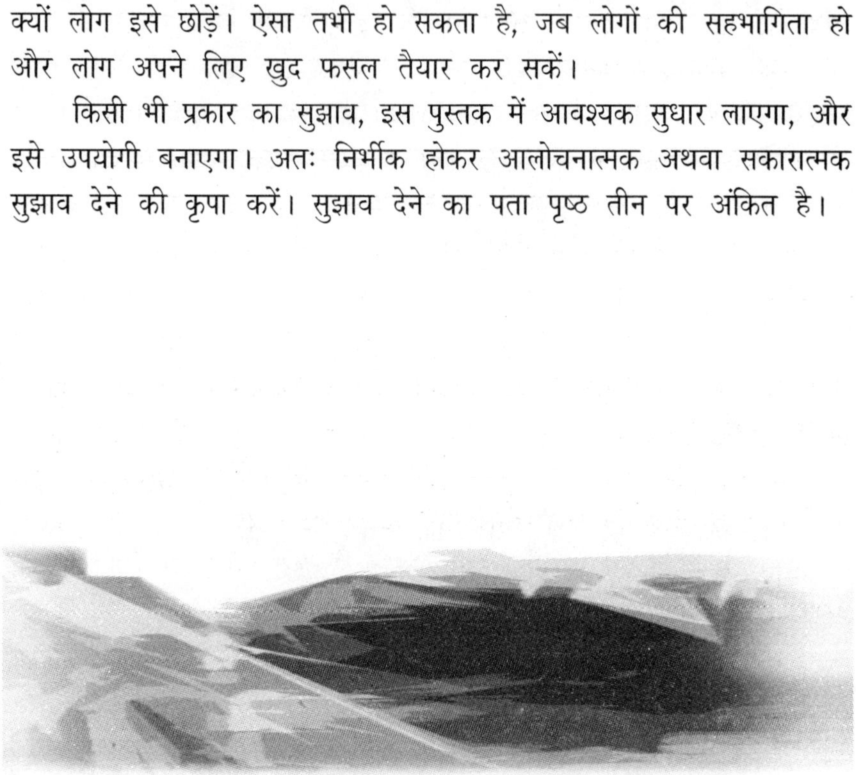

# स्वयं सहायता समूह निर्माण में बारंबार पूछे गए प्रश्न

1. आप कौन हैं?
2. क्या करना है?
3. कैसे करना है?
4. स्वयं राहायता समूह या समूह क्या है?
5. स्वयं सहायता समूह बनाने से क्या लाभ होगा?
6. स्वयं सहायता समूह के द्वारा आप क्या देंगे?
7. आपकी संस्था दूसरों से किस रूप में भिन्न है? बहुत लोगों ने समूह बनाए किंतु समाज को इससे कोई लाभ नहीं हुआ?
8. समूह के सदस्यों को समूह निर्माण के बाद क्या करना होगा?
9. हमारी स्थिति बड़ी दयनीय है ऐसे में हम कहाँ से बचत करें?
10. हमारे पास खाली समय नहीं है हम कैसे बैठक करें?
11. बैठक करना क्या समय की बर्बादी नहीं है?
12. बैठक करने से क्या लाभ होगा?
13. क्या बचत करना ही काफी नहीं, क्या बैठक करना भी जरूरी है?
14. हम अपने पैसे की बचत समूह में क्यों करें? हम अकेले बचत क्यों नहीं करें?

15. क्या आप हमें ठगने नहीं जा रहे हैं? जबकि पूर्व में कई संस्थाओं ने लोगों को ठगा है?
16. हम समूह सदस्यों में एकता क्यों पैदा करें? जबकि भाई-भाई में एकता नहीं है?
17. बचत का उपयोग होगा?
18. अगर कोई सदस्य समूह को पैसा वापस नहीं करेगा तो क्या होगा?
19. आप हमारी मदद कब तक करेंगे?
20. आपके जाने के बाद क्या होगा?
21. आप स्वयं सहायता समूह निर्माण करने के लिए क्यों इतना उत्सुक हैं?
22. आप तो नौकरी करते हैं, पैसा मिलता है, हमें क्या मिलेगा?
23. बचत की देख-रेख कौन करेगा?
24. वर्तमान में आपका कार्यालय कहाँ है?
25. आप से किस पते पर मिलें?
26. दूसरे कौन लोग हैं, जो आपको जानते हैं?
27. आप कहाँ रहते हैं?
28. आप गरीबों के प्रति क्यों चिंतित हैं, जबकि पहले ऐसा नहीं हुआ?
29. गरीबों की सोच को आप समूह के द्वारा कैरो बदलेंगे?
30. दूसरे कौन से स्थान हैं, जहाँ यह कार्य चल रहा है?
31. समूह की *गतिविधि/क्रियाकलाप* क्या होगी?
32. दूसरों को समूह से क्या लाभ हुआ है?
33. आपने इसी गाँव को क्यों चुना, दूसरे गाँवों को क्यों नहीं?
34. समूह के सदस्य कौन लोग हो सकते हैं?
35. क्या आप बैंक के द्वारा ऋण दिलाएँगे?
36. हमें महिला स्वयं सहायता समूहों की आवश्यकता क्यों है? केवल पुरुष स्वयं सहायता समूहों की क्यों नहीं?
37. क्या आप हमें कोई नौकरी देने जा रहे हैं?
38. हमलोग अनपढ़ हैं, इसलिए कुछ नहीं कर सकते हैं?
39. स्वयं सहायता समूह के द्वारा क्या आप आय अर्जन के साधन देंगे?
40. क्या हम लोग समूह कोष को आय अर्जन की गतिविधियों में लगा सकते हैं?

41. इतनी छोटी बचत करके हम लोग क्या कर सकते हैं? क्या यह एक लम्बी विधि नहीं होगी, जिससे किसी प्रकार का लाभ लेना असंभव होगा?

42. आप हमारे पैसे रखना क्यों नहीं प्रारंभ करते?

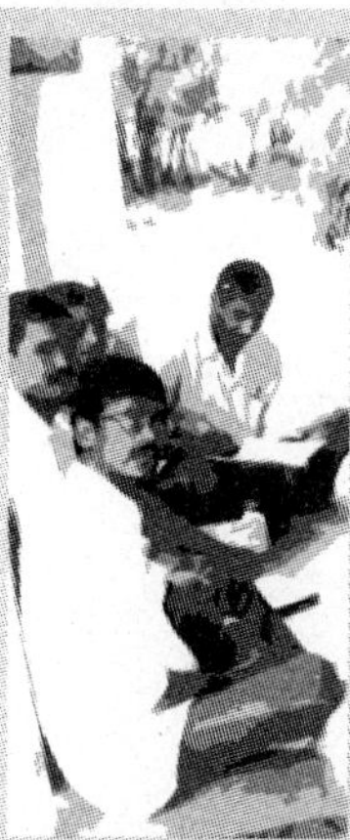

# स्वयं सहायता समूह निर्माण में बारंबार पूछे गए प्रश्नों की तैयारी

जब भी हम कोई काम शुरू करते हैं, तो लोगों के दिल में इसके बारे में जानने की इच्छा होती है कि इसके बारे में जानें। जब भी हम गाँवों में जाते हैं, तो लोग हमसे सवाल करते हैं, ये सवाल किसी भी कार्यक्रम को सफल या असफल होने में महत्त्वपूर्ण भूमिका निभाते हैं। हमारा समझाने का तरीका ऐसा होता है, कि लोगों के मस्तिष्क में एक प्रकार की उपेक्षा उत्पन हो जाती है, जिसे कोई भी संस्था पूरी नहीं कर पाती। एक बार अगर लोगों की अपेक्षा पूरी नहीं कर पाते हैं, तो लोग निराश हो जाते हैं, फिर वे किसी कार्यक्रम में सहभागी बनना नहीं चाहते हैं। यह न केवल वर्तमान कार्यक्रम को असफल बनाते हैं, बल्कि आने वाले भविष्य के कार्यक्रम को भी प्रभावित करते हैं।

उदाहरण के तौर पर अगर समूह बनाने के कार्यक्रम को ही लिया जाए, तो विभिन्न तरह के संस्थान विभिन्न तरह से लोगों को समझाने का कार्य करते हैं। अगर एक संस्था लोगों को बताती है, कि अगर कोई व्यक्ति समूह बनाता है, और चार महीनें तक बचत करता है, तो उसे बैंक से ऋण मिल जाएगा। इस तरह के उत्तर से लोग केवल ऋण लेने के लिए ही बचत करना शुरू करते हैं, वे इसे स्थायी कार्यक्रम के रूप में नहीं देखते हैं। लाजमी है कि इस तरह के समूह बहुत दिनों तक नहीं चल सकते हैं, जब भी बैंक इस तरह के समूह

को देखता है, इसे ऋण देने से हिचकता है। इस तरह बैंकर्स भी अपने मन में धारणा बना लेता है और इस कार्यक्रम में, उनका कार्यक्रम से लगाव हट जाता है।

दूसरे उदाहरण में समूह बनाने के समय ही कहा जाता है, कि आप फलां कार्यक्रम कर बहुत पैसा कमा सकते हैं। जैसे मशरूम उगाकर बहुत पैसा कमाया जा सकता है। उगाकर कमाने की प्रक्रिया इतनी आसान नहीं है, लेकिन लोगों की अपेक्षा होती है, कि संस्था को लोग उससे कमाकर पैसा दे देंगे।

अकसर हम लोगों को समझाने के क्रम में उस अपेक्षा को बढ़ावा देतें हैं, और उसे पूरा करना किसी के बस की बात नहीं है।

सी. पी. एस. एल. ने ऐसे प्रश्नों को अपने अनुभवों के आधार पर चिह्नित किया। चिह्नित करने के बाद इन प्रश्नों के ऐसे उत्तर खोजे गए, जिससे लोगों की अपेक्षा को नहीं बढ़ाते हुए, लोगों को इस बात के लिए तैयार क़िया जाता है, कि लोग खुद प्रयास करें, और एक ऐसा प्रयास करें, जिसमें उनकी जरूरत के हिसाब से वे खुद अपनी मदद करने में सफल हों। इसमें निर्णय लेने का अधिकार लोगों का होता है। लोगों का निर्णय न केवल कार्यक्रम को सफल बनाता है, बल्कि और भी संस्थानों को अपनी ओर आकर्षित कर, अपनी मदद खुद कर पाते हैं।

सी. पी. एस. एल. ऐसे प्रश्नों की तैयारी के बाद ही गाँवों में प्रवेश करती है।

लोगों को समझाने के प्रयास में दूसरी गलती हम ये करते हैं, कि लोग सवाल होते हैं, और बाहरी व्यक्ति उनका उत्तर। जैसे ही लोग सवाल पूछते हैं, हम परियोजना अथवा संस्था के लोग, उन्हें एक व्याख्या देकर समझाने की कोशिश करते हैं, जबकि हम सभी जानते हैं, कि एक वयस्क व्यक्ति किसी की बात को सुनने में इतना ध्यान नहीं देते हैं। किसी भी व्याख्यान का केवल कुछ प्रतिशत ही लोगों के दिमाग में जाता है। अतः सी. पी. एस. एल. ने फैसला किया कि किन्हीं भी प्रश्नों का उत्तर व्याख्यान के द्वारा नहीं दिया जाए, बल्कि उत्तर देने के लिए प्रश्नों का ही सहारा लिया जाए।

सी. पी. एस. एल. का अनुभव है, कि व्याख्या के द्वारा प्रश्नों के उत्तर दिए जाएँ, तो फिर इस पुस्तक में दिए गए तरकीब शायद ही काम आएँ। अतः पाठकों से निवेदन है कि व्याख्यान देने की कोशिश न की जाए।

इन प्रश्नों के उत्तर देने के लिए लोगों से ही सवाल किया जाता है। इन्हीं

वार्तालाप करने के क्रम में न केवल लोगों की समझ में आम तौर पर बातें आ जाती हैं, बल्कि इस प्रकार के वार्तालाप से उन्हें निर्णय लेने में भी मदद करती हैं।

इस तरह के वार्तालाप से उनमें भागीदारी की प्रवृत्ति भी बढ़ती है। इस प्रक्रिया को अपनाने के लिए ये आवश्यक है कि कार्यकर्ता में धीरज रखते की क्षमता हो। क्योंकि अक्सर देखा जाता है कि कार्यकर्ता को काम करने की जल्दी होती है। कार्यकर्ता अथवा स्वयंसेवक किसी भी कार्य को शीघ्र ही करना चाहते हैं। इस शीघ्रता में स्वयंसेवक अथवा कार्यकर्ता केवल कुछ ही मिनटों में पूरी प्रक्रियाओं को समझाना चाहते हैं।

सी. पी. एस. एल. का अनुभव बताता है, कि जितने धीरज से प्रश्नों को वार्तालाप में बढ़ाया गया, समूह उतने ही मजबूत हुए। जितनी ही शीघ्रता की गयी, उतने ही समूह कमजोर बने।

अगला सवाल, उत्तर ही है, कि इन सवालों का इस्तेमाल कहीं किया जाएगा। वैसे तो इन प्रश्नों का उपयोग समूह के हर चरण में किया जाता है, और हरेक चरण में इनके उत्तर का विशेष महत्त्व होता है। अतः ये कहें, कि शुरुआत के दिनों में प्रश्नों का उत्तर ही महत्त्वपूर्ण है, बिल्कुल ही गलत होगा। स्वयंसेवकों अथवा कार्यकर्ताओं को अपनी आदत में प्रश्न पूछने की कला को समा लेना होता है। अगर किसी कार्यकर्ता ने ये आदत डाल ली है, तो फिर इस बात की पूरी गारंटी है कि उनका समूह न केवल स्थायी होगा बल्कि वे इससे बहुत बड़े इलाके में विस्तार भी कर सकते हैं।

अब नीचे करीब 48 प्रश्नों की सूची एवं उनके उत्तर देने के तरीके, जो सी. पी. एस. एल. ने करीब साठ गाँवों में व्यवहार में लाए। इस प्रकार के उत्तर से केवल दो-तीन महीने में ही बड़ी संख्या में समूह का निर्माण हुआ। ये समूह न केवल परियोजना के समय, बल्कि परियोजना के पूरा होने के बाद भी, समूह का लगातार चलते रहना, इस तरीके के कारगर होने का प्रमाण है।

ये समूह न केवल खुद को मदद करने में सक्षम हैं, बल्कि ये बाहरी संस्थाओं को भी अपनी ओर आकर्षित करते हैं। बहुत सूक्ष्म वित्तीय संस्थाओं ने या तो अपना प्रयत्न शुरू कर दिया है या कुछ इस प्रक्रिया में अब तक शामिल हो चुकी हैं।

अब इन प्रश्नों को नीचे दिया जा रहा है तथा उनके संभावित उत्तर भी दिए जा रहे हैं, लेकिन इनके उत्तर देने का यथा स्थान जिक्र किया जाएगा। इनके समुचित

दृश्य पर उपयोग का ध्यान भी उतना ही आवश्यक है, जितना इसके उत्तर देने के तरीके। आगे के अध्याय में इनके उपयोग का वर्णन करेंगे, लेकिन गाँवों में प्रवेश से पहले इनको ठीक ढंग से देखकर अभ्यास कर लेना आवश्यक है।

ये प्रश्न निम्नलिखित हैं–

**प्र. 1. पहला एवं महत्त्वपूर्ण प्रश्न यह पूछा जाता है कि स्वयं सहायता समूह से क्या लाभ होगा?**

क्या इस वक्त आप खेत से पूछ सकते हैं कि पैदावार कितनी होगी?

इससे पहले सवाल का जवाब सही ढंग से देने की आवश्यकता है, अन्यथा समूह विकास के हर स्तर पर एजेंसी-संस्था को समस्याओं से जूझना पड़ेगा।

सवाल का जवाब देने की बजाय, यह सवाल पूछा जाना चाहिए कि वर्तमान में वे किन गतिविधियों में अथवा कार्यों में संलग्न हैं? बहुत सारे उत्तर मिलेंगे, जैसे खेती, दूध का व्यापार, पढ़ाई-लिखाई, नौकरी, बागवानी या कुछ मजाक की बातें जैसे बच्चे पैदा करना, पालना-पोसना इत्यादि। ये सारे उत्तर समाज की तरफ से मिलेंगे।

कोई एक उत्तर को लेकर अपनी बातों को समझाया जा सकता है, उदाहरण के लिए–खेती।

दूसरा प्रश्न सहभागियों/समाज के लोगों से पूछा जाना चाहिए कि खेती में सबसे पहला काम क्या करते हैं? स्वाभाविक उत्तर मिलेगा कि जोताई।

एजेंसी/संस्था के कार्यकर्त्ता/स्टाफ सवाल जारी रखें कि उसके बाद क्या करते हैं? उदाहरण के लिए जोताई के बाद क्या करते हैं, उसके बाद क्या होता है? उत्तर आएगा बोआई, खरपतवार, निकालना, फसल काटना, दउनी एवं भंडारण भी हो सकता है। अगर उत्तर ऐसा नहीं आ रहा है, जैसा खेती में होता है अर्थात् सिलसिलेवार/क्रमवार ढंग से उत्तर नहीं आ रहा है, तो बातचीत को इस प्रकार से मोड़ा जाना चाहिए, ताकि समाज/ग्रामीणों की ओर से उत्तर सिलसिलेवार ढंग से आए। उदाहरण के लिए—यदि सवाल पूछा गया कि खेती में सबसे पहले क्या करते हैं? उत्तर मिला कि बोआई जो कि गलत उत्तर है क्योंकि बोआई से पहले खेत तैयार किया जाता है, ऐसी स्थिति में बातचीत को इस प्रकार से आगे बढ़ाना चाहिए ताकि सही क्रम में उत्तर आए।

उपर्युक्त प्रश्नों का उत्तर मिलने के बाद यह सवाल पूछा जाए, कि जोताई से से लेकर भंडारण तक में क्या समय लगेगा, जवाब आता है, करीब तीन महीने से छः महीने, तब यह सवाल पूछा जाए, कि इसकी क्या गारंटी है, कि फसल कट ही जाएगी? *सहभागी/समाज* ग्रामीणों से यह उत्तर मिलेगा कि कम से कम यह उम्मीद है, कि कुछ फसल जरूर आ जाएगी, लेकिन किस आधार पर कह सकते हैं, कि कुछ फसल आ जाएगी? क्या केवल जोताई एवं बीज बोआई से ही ऐसा हो सकता है? *सहभागी/समाज* का उत्तर आएगा नहीं यह सब कुछ हमारी मेहनत पर निर्भर करता है, यह एक महत्त्वपूर्ण कारक है, जो फसल की पैदावार को सुनिश्चित करता है।

स्वयं सहायता समूह भी एक फसल के समान है, जिसकी जोताई *साप्ताहिक/पाक्षिक* पंद्रह दिनों की बैठक से आरंभ होती है। लगातार बैठक का मतलब है, कि आपका खेत ठीक से तैयार हुआ है, अन्यथा आप एक ऐसे खेत में बीज की बोआई करेंगे, जिसकी जोताई कभी नहीं हुई। बचत एक ऐसी बीज है, जो खेत में बोयी जाती है, जो केवल आपात् आवश्यकताओं की पूर्ति ही नहीं करती, बल्कि एवं सार्वजनिक कोष को विभिन्न प्रकार से बढ़ाती है, जैसे विभिन्न संस्थाओं से ऋण की प्राप्ति। एक व्यक्ति कई फसलें काट सकते हैं, अगर इसका जन्म स्वयं सहायता समूह में हुआ तो।

स्वयं सहायता समूह के सदस्य अगर कड़ी मेहनत नहीं करेंगे एवं स्वयं सहायता समूह की गतिविधियों का संचालन गंभीरता से नहीं करेंगे, तो उन्हें

इसका कोई फायदा नहीं मिलेगा। इसलिए अगर वे स्वयं सहायता समूह का कार्य करना चाहते हैं, तो इसे अपने घर का एक कार्य समझकर करें, न कि बाहर की एक संस्था या सरकार द्वारा थोपा गया कार्य समझें।

बहुत सारे फील्ड के कार्यकर्त्ता ऊपर बताई बातों को बहुत ही जल्दबाजी में *ग्रामीणों/समाज* के बीच समझाने की कोशिश करते हैं, जो कि *समाज/ग्रामीणो* को इस मुद्दे पर सोचने का मौका नहीं देते। इसलिए इन चीजों को *वार्तालाप/बातचीत* के रूप में रखा जाना चाहिए न कि समझाने के रूप में। यह ज्यादा अच्छा है कि उन्हें उत्तर देने का पर्याप्त समय मिले इसलिए फील्ड कार्यकर्त्ता को धैर्य से काम लेना चाहिए। यह अभ्यास सहभागियों के स्तर के अनुसार आधे घंटे से एक घंटे का होना चाहिए। अगर वार्तालाप/बातचीत इस प्रकार से नहीं हो पाती है, जैसा हम चाहते हैं, तो ऐसी परिस्थिति में इस बात के लिए तैयार रहना चाहिए, कि वार्तालाप को अनौपचारिक ढ़ंग से बढ़ाया जाए, सहभागियों/ग्रामीणों को ऐसा मजबूर नहीं करना चाहिए, ताकि वह हमारे अनुसार सोचें।

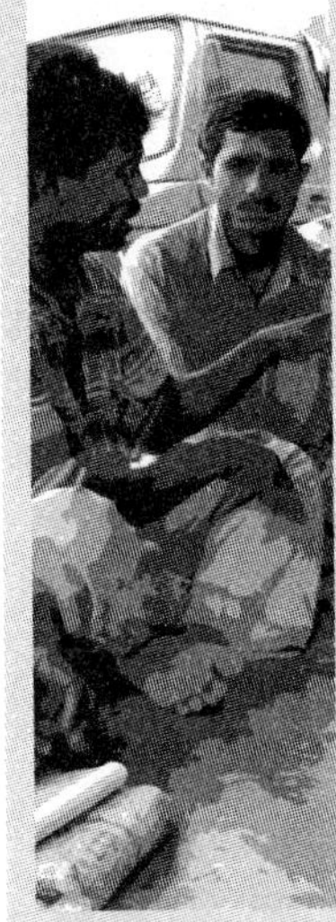

अनौपचारिक का मतलब यह है कि हर सहभागी यह अनुभव करे, कि हर सहभागी इस विषय में पूर्णरूप से रुचि रखते हैं, दूसरे को समझाने की कोशिश नहीं करते।

**प्र. 2-3. क्या करना है, एवं कैसे करना है, यह अगला प्रश्न हर एजेंसी से पूछा जाता है, जो इस कार्य में लगे हुए हैं।**

मायराडा ने इन सवालों का बहुत ही अच्छा जवाब विकसित किया है। चित्र के चार सेट तैयार किए गए है। पहले चित्र में एक व्यक्ति दूसरे व्यक्ति को मछली बाँटते हैं, जबकि दूसरे चित्र में वही पहला व्यक्ति दूसरे व्यक्ति को मछली मारने का तरीका सिखाता है। तीसरे चित्र में कुछ लोग कुएँ में डूब रहे हैं, तथा एक महिला उनको खाना दे रही है, चौथे चित्र में वही महिला डूबते हुए लोगों को रस्सी दे रही है, ताकि वे कुएँ से बाहर आ सकें। यह बहुत ही अच्छा फल देता है, अगर इसको अच्छे ढंग से समझाया जा सके। इन सभी चित्रों को समाज/ग्रामीणों के सामने प्रस्तुत किया जाए, एवं उनसे प्रश्न किया जाए कि किस चित्र को वे पसंद करते हैं, स्वाभाविक ढंग से उत्तर दूसरा एवं चौथा आएगा। दूसरा चित्र का संबंध अनुदान से है, जबकि चौथे चित्र का संबंध आवश्यकता के अनुसार *हस्तक्षेप/उपाय* करने से है। इन चित्रों में विशेष बात यह है, कि इनका उपयोग समूह निर्माण से संबंधित किसी भी चीज को समझाने के लिए किया जा सकता है।

जब यह चित्र *समाज/ग्रामीणों* के समक्ष प्रस्तुत किया गया तो वे पहले तथा चौथे चित्र को पसंद किए। उनसे पसंद एवं नापसंद के कारण पूछे गए। इसके बाद उनको यह समझाया गया कि वह चित्र में देख रहे हैं कि कुछ लोग कुएँ में डूब रहे हैं तथा एक महिला उनको खाना दे रही है। यह समझना बहुत आसान है कि गलत क्या है? लेकिन समाज के अंदर यह समझना बहुत कठिन है कि एक व्यक्ति क्या परेशानी झेल रहा है। उन समस्याओं की पहचान हम तभी कर सकते हैं जब हम एक साथ बैठें। इसलिए साप्ताहिक बैठक में उपस्थित रहना बहुत ही अनिवार्य है नहीं तो हम कुएँ में फँसे व्यक्तियों की पहचान नहीं कर सकते हैं जो कठिनाइयों में हैं। अगर हम साथ नहीं बैठेंगे तो कुछ नहीं किया जा सकता है। अगर हम साथ बैठने के लिए तैयार हैं तो हम समूह निर्माण का कार्य प्रारंभ कर दें।

एक बार हम साथ बैठना शुरू करें तब समूह निर्माण की सारी पद्धति को समझाया जा सकता है। एक व्यक्ति को सुनना होगा तथा तीन या चार बैठक में बातचीत करना होगा। अगर वे पसंद करें तब आगे बढ़ें अन्यथा वे छोड़ दें।

एक बार लगातार बैठक हो जाए तो सदस्यों की क्षमता के अनुसार थोड़ा बचत करें ताकि वे एक कोष की स्थापना कर सकें। ऐसे समय में एक खेल का उपयोग किया जा सकता है जिसे मैंने बहुत ही उपयोगी पाया। मायराडा को बहुत-बहुत धन्यवाद जिससे मैंने यह खेल लिया। तीन व्यक्ति अपने हाथों में तीन, दो एवं एक पत्थर लें उनको पत्थर का एक छोटा टीला बनाकर तीन जगहों से उस पत्थर के टीले को मारें। जिस व्यक्ति के पास तीन पत्थर है उसको बहुत नजदीक से टीले को मारना है, दूसरा व्यक्ति जिसके पास दो पत्थर हैं वह पाँच मीटर की दूरी से टीले को मारे, तीसरा व्यक्ति जिसके पास एक पत्थर है वह करीब दस मीटर की दूरी से टीले को मारे। वे व्यक्ति टीले से अलग हुए सभी पत्थरों को चुनें।

ऐसा होता है कि पहला व्यक्ति दूसरों की तुलना में अधिक पत्थर जमा करता है जबकि तीसरा व्यक्ति कुछ नहीं पाता। बल्कि वास्तविक स्थान तक पहुँच भी नहीं पाता। ऐसा क्यों होता है? कारण हकीकत की दुनिया से जुड़ता है। गरीब, नौजवान संसाधन जुटा नहीं पाते, इस कारण उनकी पहचान नहीं बन पाती। सभी संस्थाएँ जो विकास से जुड़ी हैं वे इन गरीबों तक अपनी पहुँच नहीं बना पातीं। अगर ये गरीब एक बार बैठना तथा बचत करना प्रारंभ कर

दें तो इनकी पहचान बन जाएगी। बचत करने से उनको सही स्थान तक पहुँचने का अधिक अवसर मिलेगा जैसा पहले व्यक्ति को तीन बार मिला।

जब एक बार वे बचत करना प्रारंभ कर देते हैं तो उन्हें दूसरों पर आश्रित नहीं रहना पड़ता है। वे समूह से ऋण लेकर समूह को वापस कर सकते हैं। इस प्रकार से जमा किया गया सारा पैसा उनका होता है।

उनसे यह भी प्रश्न किया जाए कि अभी पैसे की आवश्यकता होने पर वे कहाँ जाएँगे। वह कह सकते हैं कि वे गाँव से ले सकते हैं। उसके लिए उन्हें ब्याज भी देना होगा। ब्याज के अतिरिक्त अगर उन दो परिवारों के बच्चे आपस में लड़ते हैं तो वह इस बात को कहेंगे कि समय पड़ने पर ऋण लेने मेरे पास आए थे अब लड़ रहे हो। यह सामाजिक मुद्दा बड़ा महत्त्वपूर्ण है। अगर वह समूह से ऋण लेंगे तो कोई व्यक्ति यह बात नहीं बोलेगा तथा इस प्रकार वह अपनी सामाजिक मर्यादा को ऊपर उठा सकते हैं। ऊपर के प्रश्न का उत्तर इतना काफी है।

**प्र. 4. स्वयं सहायता समूह क्या है?**

उत्तर के लिए चुने गए यह सभी प्रश्न एक जैसे ही प्रतीत होते हैं किंतु ऐसा नहीं है। इसको समझने की आवश्यकता है। अगर गाँव में कोई सामाजिक कार्यक्रम हो तो क्या होता है? क्या उनको विकास से संबंधित किसी संस्था से मदद की आवश्यकता होती है? क्या वे इन स्रोतों पर निर्भर होते हैं?

इस प्रकार के कार्यक्रमों में उनको बाहरी मदद की आवश्यकता क्यों नहीं होती है? इस प्रकार के कार्यक्रम को अपना कार्यक्रम माना जाता है दूसरी ओर स्वयं सहायता समूह को दूसरी संस्था तथा सरकार का काम समझा जाता है। अगर स्वयं सहायता समूह निर्माण में स्वामित्व की भावना पैदा की गई तब ही यह स्वयं सहायता समूह माना जाएगा।

अगर समाज यह सोचना प्रारंभ कर दे कि खेत की जुताई समूह की बैठक करने से अलग नहीं है तभी यह स्वयं सहायता समूह हो सकता है।

समाज को उपर्युक्त भावना को समझाना आसान कार्य नहीं है। एक या दो उदाहरण विकास से संबंधित ऐसा लें जो बाहर की मदद लिए बिना समाज ने किया है। उदाहरण के लिए पटना जिला के नौबतपुर प्रखंड में सिंचाई के लिए खेतों में पानी पहुँचाने के लिए पानी के नाले बने हुए हैं। जब इन नालों में पानी रहता है तब इससे गुजरना कठिन होता है अतः अधिकतर गाँवों में लकड़ी, बाँस के पुल बनाए गए हैं। इस समस्या के लिए सबसे पहले उन्होंने

समस्या की पहचान की उस पर सोच-विचार किया एवं साथ मिलकर समस्या का समाधान किया यह स्वयं सहायता समूह का उदाहरण है। अगर किसी से यह पूछा जाए कि एक ऐसा उदाहरण दीजिए जो किसी एजेंसी ने किया हो तथा वह इतना ही सफल है जितना कि यह पुल तो शायद उदाहरण ढूँढ़ना कठिन होगा।

समाज से यह पूछा जाए कि उन्होंने पुल क्यों बनाया उसके लिए उन्होंने सरकार की मदद क्यों नहीं ली? क्यों नहीं गाँव की दूसरी समस्याओं के लिए इसी प्रकार से सोचा जाए? उत्तर यह आएगा कि वे सभी कार्यों को करने के लिए सक्षम नहीं हैं, इस परिस्थिति में क्या वे इन समस्याओं की पहचान कर सकते हैं? क्या उन्होंने इन समस्याओं में से किसी एक समस्या का समाधान करने की कोशिश की जिनका अभी तक समाधान नहीं हो पाया? वे समस्याएँ क्या हैं?

एक बार समाज अगर अपनी समस्याओं के विषय में सोचना प्रारंभ कर दे तथा यह भी सोचने लगे कि इन समस्याओं के समाधान हेतु उनके पास क्या संसाधन हैं तथा किन बाहरी स्रोतों से संसाधन जुटाया जा सकता है तथा इनका सदुपयोग कैसे किया जा सकता है तो बस यही स्वयं सहायता समूह है।

इन बिंदुओं पर विचार करते समय बातचीत को उस एक गतिविधि से जोड़ना है जिसे स्वयं सहायता समूह के सदस्य समूह बनने से पहले से कर रहे हैं। अगर समूह के सदस्य खेती कर रहे हैं तो इसे एक उदाहरण के रूप में लिया जा सकता है। स्वयं सहायता समूह भी खेत की जुताई से शुरू होता है। स्वयं सहायता समूह की बैठक ही समूह की जुताई है। अगर यह ठीक ढंग से नहीं किया गया तो यह आने वाली फसल को प्रभावित करेगा। समूह की बचत बुआई है जो सदस्यों की क्षमता के अनुसार प्रारंभ की जाए। एक बार जब बचत प्रारंभ हो जाए तो सदस्यों को ऋण देना बहुत ही महत्त्वपूर्ण है। यह खरपतवार निकालने के समान है। जो अच्छी फसल लेने के लिए बहुत ही महत्त्वपूर्ण है। बैंक में खाता खोलना खेत में पानी देने के समान है। अगर समूह के सदस्य इन कार्यों को भली-भाँति कर लेंगे तो शायद बहुत ही जबर्दस्त फसल काटेंगे।

**5-6. ऐजेंसी/संस्था समाज को, हमें क्या देने जा रही है?**

**आप स्वयं सहायता समूह के द्वारा क्या देंगे?**

यह प्रश्न पहले प्रश्न की भाँति प्रतीत होता है जिसका उत्तर पहले प्रश्न में दिया गया, किंतु यह ऐसा नहीं है। लोग पूछेंगे कि अगर सब कुछ वे स्वयं कर लेंगे तो उस संस्था का क्या कार्य होगा जो इस कार्य में जुड़ी हुई है।

प्रश्न का उत्तर देने की बजाय एक सवाल पूछा जाए। क्या होता है जब गाँव में कोई व्यक्ति अपने बेटी की शादी करता है? अथवा कोई व्यक्ति जब गाँव में कोई कार्यक्रम करता है? क्या गाँव का कोई व्यक्ति गाँव वालों को बिना बताए कोई कार्यक्रम करता है? यह सारा खर्चा एक व्यक्ति वहन करता है, सारे लोग क्यों नहीं वहन करते? क्या हमारे गाँव में कोई जानकार व्यक्ति है जिससे इन कार्यों को करने से पहले संपर्क किया जाता है। बहुत सारे कार्यक्रमों को करने से पहले संपर्क किया जाता है? बहुत सारे कार्यक्रमों को करने के लिए बहुत सारे व्यक्तियों के नाम आएँगे। कई जानकार हैं जो व्यक्ति की आवश्यकता एवं स्थिति के अनुसार कई योग्य लड़कों के विषय में जानकारी देंगे। वे बहुत सारी चीजों के विषय में जानकारी देंगे। वे यह सूत्र भी बताएँगे जिससे इन चीजों को प्राप्त किया जा सकता है। अगर यह विवाह का मामला है तो वे किसी व्यक्ति विशेष की जानकारी देंगे तथा यह बताएँगे कि अमुक व्यक्ति का संबंध अमुक व्यक्ति से है यदि आप उनसे संपर्क करेंगे तो यह संबंध स्थापित करना आसान हो जाएगा। जानकार व्यक्ति किसी कार्यक्रम को संपादित करने से संबंधित खर्चों के विषय में भी जानकारी देता है। इस प्रकार से संबंधित व्यक्ति को वह कार्यक्रम संपादित करना आसान हो जाता है। कुछ गाँव के जानकार लोग ऐसे होते हैं जो किसी कार्यक्रम को संपादित करने से संबंधित वस्तुओं की सूची बनाने में सहायक होते हैं। वे कौन व्यक्ति हैं जिनके बारे में यह विश्वास किया जाता है कि वे कई प्रकार के कार्य कर सकते हैं।

इसी प्रकार आपको स्वयं सहायता समूह से संबंधित जानकारी उपलब्ध कराने के लिए एक संस्था की आवश्यकता है। जानकारी उपलब्ध कराने के लिए तथा मनचाहा फल की प्राप्ति के लिए एक व्यक्ति को कोई काम क्रमबद्ध ढंग से करना होगा। चूँकि इन संस्थाओं को स्वयं सहायता समूह बनाने का अच्छा अनुभव है अतः इनकी आवश्यकता है। अनौपचारिक कार्यक्रमों में काम को करते हुए हम सीखते हैं। उदाहरण के लिए हमारे पिता, हमारे परिवार। स्वयं सहायता समूह के विषय में इन लोगों के पास अनुभव नहीं है। ग्रामीणों को इस बात की जानकारी नहीं होती कि वर्तमान में विभिन्न विभागों के नियम कानून क्या हैं, यह जानकारी किसी संस्था से ही प्राप्त की जा सकती है।

एक संस्था का दायित्व इससे बहुत मिलता-जुलता है। एक संस्था विभिन्न प्रकार के उपलब्ध विकल्प के विषय में जानकारी उपलब्ध कराती है किंतु अंत में उस पर कार्रवाई तो समूह के सदस्य को ही करनी होती है। एक संस्था विभिन्न विभागों द्वारा चलाए जा रहे कार्यक्रमों को स्वयं सहायता समूहों से जोड़ने के लिए कड़ी का कार्य कर सकती है।

**प्र. 7. आपकी संस्था दूसरी संस्था अथवा व्यक्तियों से किस रूप में भिन्न है जिन्होंने स्वयं सहायता समूह तो बनाए किंतु इसका लाभ समाज को नहीं हुआ।**

**आपके समूह दूसरे समूहों से भिन्न कैसे होंगे?**

इस प्रश्न के उत्तर के लिए सभी संबंधित संस्थाओं तथा व्यक्तियों को सोचना है जो विकास का कार्य कर रहे हैं। कब तक लोग इन चीजों का इंतजार करेंगे तथा कब तक विश्वास करेंगे। क्या वे गरीबी की पकड़ से छूट पाए।

फिर उत्तर देने से यह अच्छा होगा कि समाज द्वारा किए जा रहे कार्यों को उन्हें याद दिलाया जाए। यह अच्छा होगा कि उनसे यह पूछा जाए कि वर्तमान में आप लोग क्या काम कर रहे हैं?

प्रश्न का जवाब देने की बजाय उनसे प्रश्न किया जाए कि वे कौन से कार्य हैं जिनमें वे आजकल लगे हुए हैं?

बहुत सारे उत्तर होंगे। उदाहरण के लिए खेती, डेयरी, अध्ययन, नौकरी, फलों की खेती या कुछ हँसी मजाक वाले उत्तर मिलेंगे जैसे बच्चे पैदा करना, पालना-पोसना। यह सारे उत्तर समाज से आएँगे। किसान हर वर्ष खेती करते हैं। क्या वे हर साल अच्छी फसल पाते हैं? अगर नहीं तो वे खेती छोड़ क्यों नहीं देते? यह अक्सर ऐसा होता है कि एक-दो बार की हानि के पश्चात् वे अच्छी फसल पाते हैं। क्या उन्हें उस वर्ष की जानकारी पहले से होती है, जिस वर्ष अच्छी फसल मिलती है। वे बीज-खाद एवं सिंचाई अपने खेतों में देकर भी अनिश्चितता से लड़ते रहते हैं। अगर वे स्वयं सहायता समूह बनाते हैं तो इसमें कोई खतरा नहीं होता। एक छोटा-सा निवेश बचत के रूप में उनके साथ होगा। यह निश्चित है कि समूह का कारोबार करके वे कुछ नुकसान नहीं करेंगे।

अब लाभ के विषय में सोचें। क्या यह निश्चित है कि इस कार्य को करने से उन्हें कोई लाभ नहीं होगा। हम साथ बैठकर अपनी समस्याओं पर

विचार कर सकते हैं। अगर बचत प्रारंभ हो जाए तो हमारे पास एक समूह कोष हो सकता है। यह समूह कोष, समूह के सदस्यों को आपात काल में ऋण देने के काम आ सकता है।

इस पर विचार करें कि वर्तमान में गरीब कर्ज कैसे लेते हैं? कर्ज लेने के तीन तरीके हैं–

1. वे महाजन/सूदखोरों से कर्ज ले सकते हैं।
2. वे पड़ोसी से कर्ज ले सकते हैं।
3. वे बैंक से कर्ज ले सकते हैं।

अगर वे महाजन से कर्ज लेते हैं तो उन्हें इसके बदले अधिक ब्याज देना पड़ता है। ब्याज अदा करने के बावजूद एक व्यक्ति को उस व्यक्ति की बातों को मानना पड़ता है जिससे वे ऋण लेते हैं।

अगर आप एक पड़ोसी से ऋण लेते हैं तो क्या होता है? अगर आपके और पड़ोसी के बच्चों के बीच झगड़ा होत है तब क्या वे ऐसी स्थिति में नहीं कहते हैं कि आपने हमसे ऋण लिया? क्या इससे आपकी सामाजिक मान मर्यादा को आघात नहीं पहुँचता? इसके अतिरिक्त अगर आप बचत करते हैं तो आपके साथ एक फड होता है। बिना किसी झिझक के आप इससे कर्ज ले सकते हैं। एक-दूसरे पर कोई निर्भर नहीं होगा।

हम लोग आपके पैसे की देख-रेख नहीं करेंगे और हम आपका पैसा नहीं ले जाएँगे। चूँकि आप लोग अपने पैसे को खुद रखेंगे अतः ठगे जाने की संभावना नहीं है। आप समूह का कार्य प्रारंभ करके देखें क्या कुछ नुकसान हो जाएगा? हमेशा यह संभावना है कि साथ काम करके आप लाभ उठाएँगे।

छः माह के लिए इसे प्रारंभ करें अगर इससे कोई लाभ नहीं होगा तो समूह को भंग कर दिया जाएगा।

**प्र. 8. समूह निर्माण के पश्चात् सदस्यों को क्या करना होगा?**

एक साथ बैठने का महत्त्व उनको समझा दिया गया। उनको एक सप्ताह में एक बार एक स्थान पर बैठना होगा। उस विशेष स्थान पर चार सप्ताह तक सहयोगी मित्र की बातें सुननी होंगी तथा उनसे विचार-विमर्श करना होगा। तब यह निर्णय लें कि समूह बनाना है अथवा नहीं?

इन चार सप्ताहों के पश्चात् अगर वे निर्णय लेते हैं कि समूह बनाना है तो सभी सदस्य एक छोटी बचत प्रारंभ कर सकते हैं। यह बचत केवल सताह में एक रुपये भी हो सकती है। पहली एवं बहुत ही आवश्यक बात यह है

कि वह पहले चार सप्ताह तक बैठने के लिए तैयार हों।

**प्र. 9. हमारी स्थिति बड़ी दयनीय है हम बचत कैसे करें?**

यह हमेशा अच्छा है कि हम प्रश्न पूछते जाएँ इससे कि हम प्रश्नों का उत्तर दें।

यह एक बार फिर अच्छा है कि हम उनसे यह प्रश्न पूछें कि वे किन गतिविधियों/कार्यों में व्यस्त रहते हैं? अगर यह खेती है तो बोने के लिए बीज कहाँ से लाते हैं? बहुत सारे लोग ऐसे हैं जिनके पास जमीन नहीं है मगर वे घर के बगल में थोड़ी-सी जमीन में सब्जी जरूर पैदा करते हैं, तथा वे बोने के लिए बीज जमा करते हैं। ऐसी कठिन परिस्थिति में भी बीज कैसे बचाते हैं?

क्योंकि वे यह सोचते हैं कि खेती उनकी है और उन्हें यह करना है। अगर यह स्वयं सहायता समूह उनका है तो वे इसी प्रकार बचत कर सकते हैं जिस प्रकार वे खेती के लिए बीज बचाते हैं।

फिर उनको ऐसा करने के लिए कुछ तरीके बताना अच्छा है। एक व्यक्ति उनसे यह पूछ सकता है कि कितना चावल या आटा वे प्रतिदिन खाने के लिए बनाते हैं। क्या एक अच्छे काम के लिए प्रतिदिन उसमें से 100 ग्राम चावल या आटा नहीं बचा सकते? यह आवश्यक नहीं है कि बचत पैसे के रूप में ही की जाए यह वस्तु के रूप में भी की जा सकती है।

संकट की घड़ी में लोग विभिन्न स्रोतों से ऋण प्राप्त करते हैं। वे बाद में वह ऋण वापस देते हैं। अगर वे बचत नहीं कर सकते तो वे कर्ज कैसे चुकाते हैं? कर्ज चुकाने के लिए भी वे थोड़ी बचत करते हैं। इन दोनों बचत में अंतर बस इतना है कि एक आवश्यकता से पहले की जाती है। उदाहरण के लिए हम अचानक बीमार पड़ते हैं तो इलाज के लिए कर्ज लेते हैं। बाद में थोड़ी बचत करके कर्ज चुकाते हैं। समूह में हम बचत करते हैं तथा बाद में आवश्यकता पड़ने पर समूह कोष से कर्ज लेते हैं। इस बात को दिमाग में रखने की आवश्यकता है कि जब हम समूह का कर्ज वापस करते हैं तो किसी व्यक्ति विशेष को यह पैसा नहीं देते। यह हमेशा उनके समूह कोष में जाता है। एक बार अगर यह कोष बढ़ जाता है तो सदस्यों के लिए अधिक कोष उपलब्ध रहता है, लेकिन जब एक व्यक्ति विशेष से ऋण लेते हैं तो वापसी पर यह एक व्यक्ति विशेष की जेब में चला जाता है यह समूह के उपयोग के लिए नहीं जाता इस पर सोच-विचार करें।

**प्र. 10. हम बैठक कैसे करें। हमारे पास खाली समय नहीं है?**

प्रश्न का उत्तर देने का अच्छा तरीका यह है कि सहयोगी से प्रश्न पूछा जाए। खेती या दूसरे कार्यों में लोग हमेशा व्यस्त रहते हैं। अगर कोई खेत की सिंचाई में लगा हुआ है तथा घर पर कोई अतिथि आ जाता है, क्या उस समय आप यह कहते हैं कि उस अतिथि के लिए आपके पास समय नहीं है, हम वैसा क्यों नहीं कह सकते? क्योंकि यह उनका काम है और उसे करना है। दूसरी ओर स्वयं सहायता समूह जैसे कार्य को बाहर का कार्य समझा जाता है अक्सर उस कार्य को उस संस्था के नाम के साथ जोड़ा जाता है जो समूह निर्माण एवं समूह के पालन-पोषण में लगी होती है।

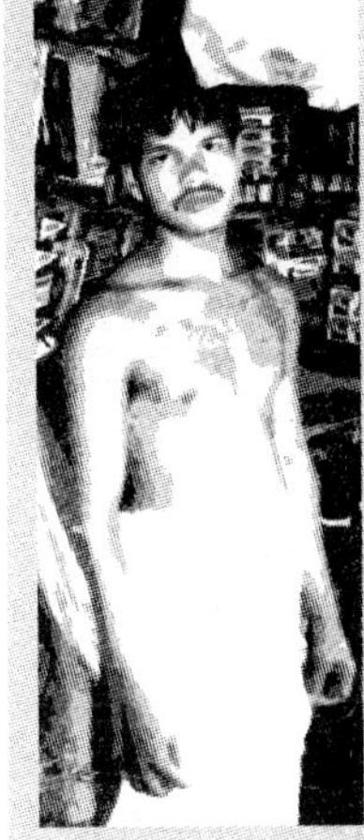

खेती में बहुत सारे कार्य हैं। एक विशेष समय में वे जुताई-बुआई तथा खरपतवार की निकाई करते हैं। क्या वे यह सब काम समय की कमी के कारण छोड़ देते हैं? जब बैठक की बात आती है तो वे इनकार क्यों करते हैं। अगर समाज समूह निर्माण का कार्य लाभ के लिए करने जा रहा है तो उसे समूह को खेती के रूप में लेना होगा। बाहर के कार्य के रूप में नहीं लेना होगा। अगर समूह को एक बार वे खेती के रूप में लेते हैं तभी वे इसका लाभ ले पाएँगे।

गाँव में दो प्रकार के किसान होते हैं। एक वह जो अपनी पूरी शक्ति अच्छी फसल उगाने के लिए लगाते हैं इस प्रकार के किसान अपने खेत में कड़ी मेहनत करते हैं। अधिकतर समय वे अच्छी फसल पाते हैं। दूसरी ओर वे किसान जो खेत में कड़ी मेहनत नहीं करते वे अधिकतर समय अच्छी फसल नहीं काटते।

इसी प्रकार स्वयं सहायता समूह भी समूह के सदस्यों की मेहनत के अनुसार ही फल देता है। अगर कोई अपने समूह की शुरुआत इस प्रकार करते हैं कि बैठक करने के लिए उनके पास समय ही नहीं होता तो इस प्रकार के समूह बनाने का कोई फायदा नहीं है। यह सब कुछ समूह को समझाने के लिए है। बीते समय में बहुत सारी सहकारिता एवं दूसरे इसी प्रकार की गतिविधियाँ असफल हो गईं। स्वयं सहायता समूह भी कई जगह पर सफल नहीं हो पाए, असफलता के पीछे बैठक का लगातार नहीं होना पाया गया।

दो बार सोच-विचार कीजिए अगर आप स्वयं सहायता समूह प्रारंभ करने जा रहे हैं। अगर आपके पास बैठक के लिए समय नहीं है तो समूह प्रारंभ नहीं करें।

**प्र. 11. क्या समूह की बैठक समय की बर्बादी नहीं है?**

एक पोस्टर को लें। वह पोस्टर जिसमें लोग कुएँ के पानी में डूबे हैं और एक महिला उनको खाना दे रही है, दूसरे चित्र में वही महिला उनको कुएँ से निकलने के लिए रस्सी दे रही है।

इन दोनों में अच्छा कौन है? और क्यों?

अगर पानी में डूबने वाले को रस्सी देना अच्छा है तो उस रस्सी की लंबाई क्या होनी चाहिए ताकि संबंधित व्यक्ति तक वह रस्सी पहुँच जाए?

यह देखना बड़ा आसान है कि व्यक्ति पानी में डूब रहा है किंतु यह जानना बड़ा ही कठिन है कि समूह के सदस्य किस प्रकार के कुएँ में गिरे हैं? यह जानना बड़ा ही कठिन होता है कि लोगों की मूल समस्याएँ क्या हैं? जब हम साथ बैठना प्रारंभ करते हैं तो समस्याओं को जानना आसान हो जाता है। इससे केवल समस्याओं की पहचान ही नहीं होती वरन् उनका समाधान भी निकल आता है। बाहरी व्यक्ति के लिए यह जान पाना बड़ा ही कठिन होता है, कि समस्या का समाधान क्या है? वे लोग जो पानी में डूब रहे हैं वे भली भाँति जानते हैं कि समस्या क्या है?

जरा देखें बैठक में क्या होता है? सभी लोग किसी भी विषय पर बातचीत करने के लिए बड़ा सहज महसूस करते हैं। कुछ समस्याओं का समाधान बिना किसी विशेष ऊर्जा लगाए ही निकल आता है।

मान लें कि कुछ लोग पटना जा रहे हैं और पड़ोसी को कुछ दूसरी वस्तुएँ खरीदनी हैं। उस व्यक्ति को जिस वस्तु की आवश्यकता है वह पटना की तुलना में स्थानीय बाजार में अधिक मूल्य में उपलब्ध है। यह संभव है कि समूह की बैठक में चर्चा करके कुछ पैसा बचाया जाए। इस प्रकार की सैकड़ों ऐसी समस्याएँ हैं जिनका समाधान समूह की बैठक में चर्चा करके किया जा सकता है। क्या आप यह नहीं सोचते कि यह अनौपचारिक समस्याएँ न होकर विकास से संबंधित मुद्दे हैं? भविष्य में उनमें से एक इस बड़े शहर से सामान खरीदने की क्रिया को व्यवसाय के रूप में ले सकता है।

हम लोगों को गाँव में हवाई जहाज निर्माण करने की आवश्यकता नहीं है किंतु उपर्युक्त मुद्दों को चर्चा में लिया जा सकता है।

बैठक करना महत्त्वपूर्ण है। यह समय की बर्बादी नहीं है।

**प्र. 12. बैठक से क्या लाभ होगा?**

जाड़े के मौसम में लोग आग के चारों ओर एक साथ बैठते हैं। गाँवों में भी बहुत लोग आग के करीब बैठते हैं। खाली समय में वे दूसरे से बातें

करते हैं। ऐसा क्यों होता है? क्या ऐसा करने का कोई फायदा है? समाज में बहुत सारे अनौपचारिक अनुबंध इन स्थानों पर होते हैं। अगर किसी के पास एक भैंस है तथा उसे दूसरी भैंस की आवश्यकता है तो इन्हीं जगहों पर इन विषयों पर चर्चा होती है।

उदाहरण लें अगर किसी व्यक्ति को दूसरे व्यक्ति से ऋण लेना होता है तो क्या होता है? क्या वह सीधे संबंधित व्यक्ति के पास जाकर ऋण माँगता है? संबंधित व्यक्ति के द्वार पर पहुँचकर पहले व्यक्ति से दूसरी बहुत सारी बातें करता है। सही समय खोजकर वह ऋण के विषय में बात करता है।

इसी प्रकार अगर सभी समूह के सदस्य एक साथ बैठना प्रारंभ करते हैं तो वे आपस में अच्छा संबंध बना सकते हैं। इस प्लेटफॉर्म के द्वारा एक निश्चित समय के बाद बहुत चीजें हो सकती हैं।

लोग दोस्त कैसे बनाते हैं? सबसे पहले वे एक-दूसरे के करीब आते हैं। वे अपनी समस्याओं पर चर्चा शुरू करते हैं। बहुत सारी समस्याओं का समाधान इस दोस्ती के द्वारा होता है।

बैठने का लाभ लिखकर और बोलकर व्यक्त नहीं किया जा सकता। अगर उन्हें बैठक का लाभ छः माह में पता नहीं चलता तो वे इसे छः माह के बाद समाप्त कर दें।

परियोजना की ओर से यही एक गारंटी दी जा सकती है।

**प्र. 13. क्या बचत करना ही काफी नहीं है? क्या बैठक करना भी जरूरी है?**

हम बचत के द्वारा क्या करना चाहते हैं?

एक सार्वजनिक कोष बनाना चाहते हैं।

हमें सार्वजनिक कोष की स्थापना क्यों करनी चाहिए?

यह बहुत सारे लोगों को मदद करेगी।

यह कैसे मदद करेगी जब हम उनकी समस्याओं को जानने के लिए ही उत्सुक नहीं हैं?

हम लोग पहले व्यक्ति नहीं हैं जो आपको स्वयं सहायता समूह बनाने के लिए प्रेरित कर रहे हैं। अगर केवल बचत की जाएगी तो यह कुछ समय तक ही चलेगी।

मान लिया जाए कि समूह के सदस्य बचत करते हैं। समूह का कोई भी व्यक्ति यह नहीं जानता है कि समूह कोष में कितना पैसा जमा है? एक व्यक्ति पैसा रखना प्रारंभ करता है। कुछ ऐसे लोग हैं जो समूह के सदस्य नहीं हैं,

वे हमेशा समूह को तोड़ना चाहते हैं। कुछ लोग कह सकते हैं कि जो व्यक्ति समूह का पैसा रख रहा है वह ठीक से नहीं रख रहा है। यह संबंधित व्यक्ति के बीच भ्रांति पैदा कर सकता है। अगर कोई समूह में बैठता है तो वह समूह के सारे लेनदेन को जानता है तो वह आपस में विश्वास करेंगे दूसरे के कहने पर विश्वास नहीं करेंगे।

पैसे के उपयोग पर हमेशा भ्रांति उत्पन्न होने का खतरा बना रहता है। आपस की सिर्फ एक छोटी-सी भ्रांति से समूह टूट सकता है। यह सभी सदस्यों के लिए आवश्यक है कि आपस में कोई भ्रांति पैदा न हो। समूह की बैठक से इस प्रकार की भ्रांतियाँ हमेशा समाप्त होती रहती हैं। समूह के निर्णय में सभी सदस्यों का हिस्सा लेना आवश्यक है। चाहे यह समूह के किसी भी सदस्य को ऋण मंजूर करने की बात हो अथवा कोई सामाजिक मुद्दा हो इससे समूह पर प्रभाव पड़ता है। अगर सभी सदस्य प्रारंभ से ही चर्चा में भाग लेते हैं तो आपस में भ्रांति उत्पन्न होने की संभावना घट जाती है। अगर समूह की सभी गतिविधियों में पारदर्शिता हो तो यह समूह को ज्यादा स्थायित्व प्रदान करता है। अगर सभी सदस्यों को समूह के क्रियाकलाप में बराबर अवसर प्रदान किया जाएगा तो यह अधिक स्थायित्व की ओर ले जाएगा।

समूह की बचत बक्से में रखी जाती है। यह बक्सा सबों के पास घूमकर जाता है। अगर एक सदस्य इस सप्ताह बक्सा रखेगा तो वह अगले सप्ताह वह बक्सा नहीं रखेगा। बक्से की चाभी उस समय दो दूसरे सदस्यों के पास होगी। यह कोई बच्चों का खेल नहीं है यह सदस्यों के बीच विश्वास पैदा करेगा कि वे भी समूह के सदस्य हैं, साथ ही समूह सदस्यों के बीच पारदर्शिता रखने का एक अच्छा तरीका है। वे समूह में किसी मुद्‌दे पर चर्चा करने की आदत पैदा करते हैं। अगर समूह की बैठक सहभागिता के आधार पर होगी तो लोग बहुत तरह के मुद्‌दों पर समूह में चर्चा कर सकते हैं जो समूह के लिए अच्छा है। अगर मुद्‌दों पर चर्चा करने के लिए कोई प्लेटफॉर्म नहीं होगा तो समूह को भलीभाँति चलाने में कठिनाई होगी।

क्या आप नहीं सोचते कि समूह की बैठक करने से लाभ है।

हम अपने पैसे को समूह में जमा क्यों करें, व्यक्तिगत ढंग से जमा क्यों नहीं करें।

जब लोगों को समूह कोष में बचत करने के लिए कहा जाता है तथा जब वे यह जानते हैं कि परियोजना या गैरसरकारी संस्था या एजेंसी जो समूह

बनाने के लिए प्रेरित कर रही है वे बाहर से कुछ देने नहीं जा रहे हैं तब वे यह पूछते हैं कि जब यह केवल हमारा पैसा है तब इसे हम समूह में जमा क्यों करें? तब यह अकेले क्यों नहीं किया जा सकता है? इसे अकेले अपने घर पर ही क्यों नहीं जमा करना चाहिए?

मैं भी सोचता हूँ कि यह एक अच्छा सोच है, लेकिन क्या मैं आपकी उम्र जान सकता हूँ।

उत्तर होगा सोलह से साठ वर्ष।

दूसरा प्रश्न, अभी तक आपने कितनी बचत की?

यह जानना बहुत ही महत्त्वपूर्ण है कि अभी तक उन्होंने कितनी बचत की।

अधिकतर उत्तर जो मैंने पाए वह यह कि कुछ नहीं। लेकिन एक दो बार यह उत्तर मिला कि कुछ पैसा बचाया है जो किसी अकेले व्यक्ति के द्वारा जमा किया गया है। तब यह जानना आवश्यक है कि इस बचत का उपयोग कैसे हुआ? कुछ काम करने के बाद यह बचत खत्म हो गयी। लेकिन यह देखिए कि हम किस प्रकार की बचत की बात कर रहे हैं? हम एक बहुत ही छोटी रकम की बात कर रहे हैं जो कभी भी समाप्त नहीं होगी।

वह आज भी रोजाना की जरूरतों को पूरा करने के लिए दूसरों पर आश्रित हैं। उन्होंने बचत करने की कोशिश की तथा कमाया लेकिन अभी तक वे दूसरों पर क्यों आश्रित हैं? अगर कोई एक समूह सदस्य के रूप में बचत प्रारंभ करता है और वह अपना संसाधन बनाता है। यह लंबे समय तक उनके साथ रहेगा। वे इसे केवल अपने लिए सदुपयोग नहीं करेंगे बल्कि अपने स्वयं के कोष के लिए ब्याज कमाएँगे।

वर्तमान में जब कोई किसी व्यक्ति से ऋण लेता है तब उसके लिए वह ब्याज देता है। यह ब्याज उस व्यक्ति विशेष के जेब में जाता है। जब आप अपने समूह से ऋण लेते हैं तब क्या होता है? वह ब्याज भी आपका ही होता है। चूँकि यह समूह कोष से जुड़ जाता है तो आखिर में वह समूह सदस्य का ही होता है।

दरअसल समूह बनाने से पहले लोगों के पास बहुत कम ही बचत होती है। समूह निर्माण के बाद हमेशा संभावना रहती है कि उनके पास अपना समूह कोष होगा जिसे वे उपयोग कर सकते हैं। तब यह सोचिए कि अच्छा क्या है व्यक्तिगत या समूह बचत इस पर विचार कीजिएगा।

**प्र. 14. बचत की देखभाल कौन करेगा?**

**क्या आप हमें ठगेंगे नहीं जैसे पहले कई संस्थाओं ने किया?**

समूह कोष रखने का एक तरीका है। समूह के सभी सदस्य समूह की बैठक में भाग लेंगे। वे समूह के निर्णय के अनुसार बचत करेंगे। पहली बैठक में समूह सदस्य जो बचत करेंगे वह एक कागज में लिखा जाएगा। जब सभी लोग बचत करेंगे तब एक बार पैसा की गिनती कर लें। अगर यह ठीक है तब बक्से में रखें, पैसा को भी एक बार गिनें। सबको कैश बॉक्स में रख दें। बक्सा में ताला लगाएँ, जिसमें दो चाभियों की आवश्यकता होगी। तब समूह से एक व्यक्ति को चुनिए जो आने वाले अगले बैठक तक बक्सा को रखेंगे या रखेगा। व्यक्ति का चुनाव करने के बाद बक्सा उसके हवाले कर दें। बक्सा हवाले करने के बाद समूह से दो व्यक्तियों का चुनाव होगा जो बक्से की दो चाभियाँ रखेंगे जो बक्सा खोलने के लिए जरूरी होता है। यह तीनों लोग आने वाले बैठक तक इन तीन वस्तुओं को रखने के लिए जिम्मेवार होंगे।

अगले बैठक में यह तीनों व्यक्ति बक्सा को खोलेंगे तथा सभी सदस्यों की उपस्थिति में बक्सा खोलकर पैसा गिनेंगे। तब सभी सदस्य उस बैठक में बचत के लिए पैसा जमा करेंगे। फिर उसी प्रकार से तीन समूह के सदस्य अगले बैठक के लिए चाभी तथा बक्सा रखने की जिम्मेवारी लेंगे।

कभी यह बचत का पैसा हमें या हमारे कार्यकर्त्ताओं को नहीं दें। यहाँ तक कि कुछ कार्यकर्त्ता या अनजान आए तथा यह कहे कि परियोजना को आपके कैस बक्सा की आवश्यकता है। कृपया किसी व्यक्ति को बक्सा न दें। अगर ऐसा भी हो कि बाहर का कोई व्यक्ति बीमार हो जाए तथा उसे पैसा की आवश्यकता है तब भी ऐसे व्यक्ति को पैसा मत दीजिए। अगर आप ऐसी स्थिति में किसी भी व्यक्ति को पैसा देते हैं तो यह आप की जिम्मेवारी होगी परियोजना इसके लिए जिम्मेवार नहीं होगी।

कुछ समय पश्चात् आपका पैसा बढ़ जाएगा तब शायद कैश बक्सा में रखना अधिक सुरक्षित नहीं होगा। ऐसी स्थिति में भारतीय रिजर्व बैंक ने सभी राष्ट्रीयकृत बैंकों तथा क्षेत्रीय ग्रामीण बैंकों को एक पत्र दिया है जिसमें यह उल्लेख किया गया है कि ऐसे समूहों का नजदीक के बैंक में खाता खोल दिया जाए। जब समूह बैंक में खाता खोलेगा तो ऐसे समय समूह के तीन सदस्य इस खाते का संचालन करेंगे। अब खाता तथा दूसरे कागजात कैश बॉक्स में रखिए तथा रखने की पुरानी विधि अपनाइए। अब यह अच्छा होगा कि कैश बॉक्स उन तीनों व्यक्तियों को मत दीजिए जो समूह के खाता का संचालन

कर रहे हैं।

अब यह देखिए कि हम कोई भी चीज अपने से नहीं माँग रहे हैं तो आप कैसे ठगे जाएँगे यह आपका पैसा है इसे अपने साथ रखिए दूसरों के साथ मत रखिए।

**प्र. 15. हम समूह सदस्यों के बीच भाईचारा क्यों अपनाएँ जबकि भाइयों के बीच भाईचारा नहीं है?**

एक परिवार के भाई आपस में झगड़ा क्यों करते हैं?

एक बैंक दूसरों की बचत लेकर कैसे चलता है?

जब एक परिवार के सब भाई एक साथ नहीं रहते हैं तब क्या होता है?

गाँव में तनाव के अतिरिक्त बहुत सारे ऐसे लोग रहते हैं जिनका आपस में बहुत ही अच्छा संबंध होता है। शीत ऋतु में वे अग्नि के चारों ओर बैठते हैं। अगर गाँव में किसी व्यक्ति के पास एक बैल है तो वह अपना खेत जोतने के लिए दूसरे व्यक्ति से सहारा लेता है। अगर गाँव में शादी-विवाह इत्यादि होता है तब लोग एक-दूसरे की सहायता करते हैं।

गाँव में विभिन्न प्रकार की परिस्थितियों का विश्लेषण करें।

पहले—पहले प्रश्न का उत्तर दें। गाँव में संयुक्त परिवार क्यों नहीं होते। परिवार के लिए आय के सीमित साधन हैं। कुछ समय बीत जाने के बाद परिवार का कद बढ जाता है चूँकि आय के सीमित साधन हैं। अतः कोई भी सदस्य अपनी पसंद की वस्तु पर खर्च नहीं कर सकता। हर व्यक्ति की अपनी आवश्यकता है। एक बार जब परिवार के सभी सदस्यों का विवाह हो जाता है तब परिवार के हर व्यक्ति की आवश्यकता होती है। परिवार के छोटे सदस्य अपनी पत्नी तथा बच्चों की आवश्यकता के विषय में परिवार के बड़े सदस्यों को नहीं बताते जब लोग परिवार के हर सदस्य की आवश्यकताओं की पूर्ति करने में असफल हो जाते हैं तब परिवार के बीच असंतोष की भावना का जन्म होता है।

जो परिवार एक साथ नहीं रहते वहाँ क्या होता है। मान लें चार भाई हैं एवं सभी अलग-अलग स्थानों पर काम करते हैं उनके बीच बहुत कम ही झगड़ा-झंझट होता है।

यह आपके समूह पर भी लागू होता है अगर आपका समूह सभी सदस्यों की आवश्यकताओं की पूर्ति करता है तब झंझट की संभावना बहुत कम रहती है। दूसरी ओर समूह यदि सभी सदस्यों की आवश्यकताओं की पूर्ति नहीं करता तो वहाँ झंझट होती है।

समूह में भी काम करने की कुछ विधि है। इसको बैंक की गतिविधियों द्वारा समझाया जा सकता है। बैंक बहुत सारे लोगों का जमा स्वीकार करता है और उन्हें समय पड़ने पर वापस करता है। किसी भी व्यक्ति को इसमें कोई मतभेद नहीं है।

जब हम गाँवों में स्वयं सहायता समूह प्रारंभ करते हैं तब क्या होता है? सभी सदस्य बचत शुरू करते हैं। वे समूह निर्माण से पहले आपस में बातें करते हैं कि समूह में कौन से काम करने हैं?

समूह बनाने से पहले वे सार्वजनिक गतिविधि प्रारंभ करने के विषय में निर्णय लेते हैं। एक बार समूह में सार्वजनिक गतिविधि प्रारंभ की जाती है तब यह मतभेद का कारण बन जाता है। सार्वजनिक गतिविधि का अर्थ सारे सदस्य मिलकर एक ही कार्य शुरू करते हैं जैसे पापड़ बनाना, एक ही स्थान पर बकरी पालन करना, मुर्गी पालन करना, इस प्रकार की सार्वजनिक गतिविधि सभी सदस्यों की आवश्यकताओं की पूर्ति नहीं कर सकती। सभी समूह सदस्य विभिन्न प्रकार से समय एवं श्रम लगाते हैं। सभी लोग एक जैसे इन कार्यों में रुचि नहीं लेते।

दूसरी ओर अगर समूह सदस्यों को केवल ऋण प्रदान किया तो सभी सदस्य अपनी रुचि एवं सुविधा के हिसाब से व्यवसाय कर सकते हैं। ऐसे में सदस्यों को अपनी सुविधा अनुसार व्यवसाय बढ़ाने का भी अवसर मिलेगा।

अगर समूह सदस्यों के साथ लचीला रहेगा ताकि वे अपनी पसंद के अनुसार व्यवसाय कर सकें तो इस प्रकार के समूहों के स्थायित्व की संभावना अधिक रहती है।

प्रारंभ में गाँवों में यह खोजना जरूरी है कि गाँव में स्वयं के कितने प्रकार के समूहों का अस्तित्व है? इसका क्या अर्थ है? हर गाँव में कुछ समूह होते हैं जिनका अवलोकन किया जा सकता है। हमेशा कुछ लोग मिलेंगे जो शाम को एक साथ बैठते हैं। कुछ लोग साथ में ताश खेलते हैं। आदिवासी क्षेत्रों में कुछ लोग एक साथ खेत की जोताई करते हैं। अगर विवाह में चार व्यक्तियों की आवश्यकता है तो वे कुछ चुने हुए निश्चित लोगों को बुलाते हैं। यह सब उदाहरण यह बताते हैं कि गाँव में कुछ समूहों का अस्तित्व होता है। परियोजना की यह भूमिका होगी कि ऐसे समूहों को खोजकर उन्हें स्वयं सहायता समूहों का आकार दे।

अगर समूह को यह बात साफ हो कि समूह का उद्देश्य क्या है, वे समूह के द्वारा क्या उपलब्धि करना चाहते हैं तब यह संभावना अधिक है कि यह

समूह जीवित रहेगा, अगर वे अपने उद्देश्यों के विषय में ठीक से नहीं जानते तो शायद यह समूह लंबे समय तक नहीं चल पाएगा।

**प्र. 16. बचत का क्या उपयोग होगा?**

हम लोग अपने पैसे को कैसे उपयोग करते हैं? क्या हमें पैसे की आवश्यकता नहीं है? जब हमें खेत में खाद डालने के लिए पैसे की आवश्यकता होती है तब क्या होता है?

जरूरत के समय हम दूसरों से मदद लेते हैं। क्या हम अधिक ब्याज देकर भी कर्ज नहीं लेते? कर्ज लेने के लिए हम कितना ब्याज देते हैं?

अगर आप किसानों द्वारा उपजाए खाद्यान्न एवं दूसरे पैदावार की तुलना करते हैं, तब आप पाते हैं कि फसल कटने के कुछ दिन बाद उसकी कीमत बढ़ती है। कुछ ऐसे पैदावार भी हैं जिनकी कीमत छः महीने में 30 से 40 प्रतिशत तक बढ़ जाती है, लेकिन लोग गाँव के महाजन या वे व्यक्ति जो ब्याज पर पैसा देते हैं, उनसे कर्ज लेकर इस प्रकार का व्यवसाय करने में रुचि क्यों नहीं लेते?

उदाहरण लें, एक ऐसी वस्तु है जिसकी कीमत छः महीने में तीस प्रतिशत तक बढ़ जाती है, मान लें कि इस बात की गारंटी है कि कीमत ऊपर जाएगी ही, कीमत गिरने की संभावना नहीं है। अगर आप महुआ का उदाहरण लें जिसकी कीमत हमेशा बढ़ती है।

कोई भी मध्यम व्यक्ति उसे भंडारण करने की जोखिम नहीं लेता, क्यों?

मान लें एक व्यक्ति एक सामान सौ रुपये में खरीदता हैं, छः महीने के बाद उसे तीस रुपये अधिक मिलने जा रहे हैं, इसका मतलब वह व्यक्ति उस वस्तु को एक सौ तीस रुपये में बेचेगा। अगर वही व्यक्ति महाजन से कर्ज लेता है, वह महाजन उससे 5 प्रतिशत प्रति माह ब्याज लेता है जो मैं समझता हूँ कि ब्याज की दर प्रचलित है जो व्यक्ति व्यवसाय कर रहा है वह तीस रुपये पा रहा है वही रकम या कमाई से अधिक रकम ब्याज के रूप में दूसरे व्यक्ति को दे रहा है। सभी ग्रामीण एवं किसानों ने गाँव में चलने वाली गतिविधियों का आर्थिक दृष्टिकोण से विश्लेषण किया है। इसका फल यह है कि शायद ही कोई भी गरीब इस प्रकार का जोखिम उठाता है। स्वयं सहायता समूह का एक उदाहरण लें।

अगर एक स्वयं सहायता समूह अपने सदस्यों को बहुत ही कम ब्याज दर जैसे 2 प्रतिशत की दर पर कर्ज देता है तो व्यक्ति को केवल बारह रुपये

ब्याज देना होगा। इस प्रकार वह व्यक्ति अठारह रुपये लाभ कमा सकता है। अगर इस प्रकार का ऋण उपलब्ध रहेगा तो समूह सदस्य कई प्रकार का व्यवसाय प्रारंभ कर सकते हैं।

संकट की घड़ी में वे अपनी बचत से कर्ज ले सकते हैं। वे दूसरों पर आश्रित रहना कम कर सकते हैं, जो कई समस्याओं को जन्म देती है। कई बार लोग जिस व्यक्ति से कर्ज लेते हैं उसे खुश भी करना पड़ता है।

संकट की घड़ी में एक व्यक्ति को कर्ज की आवश्यकता होती है तब वह दूसरे व्यक्ति के पास जाता है। गाँवों में यह सच है कि लोगों के पास नगद रुपये नहीं होते हैं। ऐसे में क्या हो सकता है? एक व्यक्ति को आपातूकाल में कर्ज नहीं मिल सकता है। अगर कर्ज उपलब्ध नहीं है, आदमी बीमार है तथा तुरत इलाज की आवश्यकता है, ऐसे में वह व्यक्ति अपना जीवन गँवा सकता है।

अगर बचत है तो संकटकालीन कोष रख सकते हैं। बचत करना कितना महत्त्वपूर्ण है एवं समूह कोष में बचत रखना कितना महत्त्वपूर्ण है?

**प्र. 17. अगर कोई समूह का सदस्य पैसे वापस नहीं करता है तो क्या होगा?**

क्या यह पहली बार है जब समूह गाँव में किसी व्यक्ति को कर्ज देगा? गाँव में इस प्रकार के कई लोग हैं जो ब्याज का व्यवसाय करते हैं तथा पैसा वापस लेते हैं। सरकारी स्कीम भी हैं जिनसे गरीबों को कर्ज दिया जाता है। गाँव में दो प्रकार के कर्ज देने वाली संस्थाएँ हैं। एक औपचारिक तथा दूसरी अनौपचारिक। सरकार की स्कीम के द्वारा जब ऋण दिया जाता है तो क्या होता है? जब गाँव में कर्ज दिया जाता है तो क्या होता है?

अनौपचारिक व्यवस्था में कर्ज की वापसी क्यों होती है? ऐसा इसलिए होता है कि अनौपचारिक व्यवस्थाओं में कर्ज गरीबों की आवश्यकता के अनुसार दिया जाता है। जबकि सरकारी स्कीमों में आवश्यकता पैदा की जाती है। बहुत सारे और भी मुद्दे हैं। जो सरकारी कर्ज में लिप्त हैं।

अगर समूह में कर्ज सरकारी स्कीम की तरह देना शुरू कर दें तो यह समय पर वापस नहीं होगा। अगर यह समूह उनके हैं तो समूह की गतिविधियों में ऐसा नहीं होगा।

गाँव में वे लोग एक साथ बैठते हैं। वे भी दर्जा चाहते हैं। कोई भी अकेला नहीं रह सकता। अगर वे एक साथ बैठते हैं और समाज की तरफ से अधिक दबाव है तो कर्ज समय पर वापस होगा। ऐसे उदाहरण हैं जब बैंक के कर्ज

की वापसी सामाजिक दबाव के कारण हुई है।

**प्र. 18. आप हमारे साथ कब तक सहयोग करेंगे?**

**आपके बाद क्या होगा?**

आप इसके बारे में क्या सोचते हैं? क्या मुझे यहाँ हमेशा रहना चाहिए? एक परिवार में जब एक बच्चा जन्म लेता है तो क्या होता है? यह बच्चे की उम्र पर निर्भर करता है तथा इस पर निर्भर करता है कि अपने माता-पिता की सेवा की उसे कितनी आवश्यकता है? प्रारंभ में छः माह तक हम बच्चों को खिलाते हैं। वे अपने पैरों पर खड़ा होना शुरू कर देता है तब हम उसे कुछ वस्तुएँ देते हैं जैसे लकड़ी की गाड़ी, जिसके सहारे वह खड़ा हो पाता है। जब वह तीन वर्ष का हो जाता है तब उसे स्कूल जाने की आवश्यकता होती है जब वही बच्चा पढ़-लिखकर नौकरी करने लगता है तब अपने माता-पिता को छोड़कर अकेले रहना प्रारंभ करता है। समूह के विषय में भी यही कुछ होता है। कुछ समय के बाद समूह हम लोगों को समय बताता है कि हमें उन्हें कब छोड़ना है। जब यह समूह नौकरी पा लेता है तब हम उसे छोड़ देते हैं।

परियोजना की भी एक समय सीमा है...। अगर एक संस्था अच्छा काम कर रही है तो उसे अपना काम समय पर समाप्त करना चाहिए। एक बार जब आप समय पर काम समाप्त कर देते हैं तो बहुत सारी परियोजनाओं में कार्य करने को मिलेगा।

हमारा देश बहुत बड़ा है। जब एक व्यक्ति एक स्थान पर समूह का कार्य समझ लेता है तब यह दूसरे स्थान पर कोई और काम ले लेता है।

यह अच्छा होगा कि आप हमें जल्दी भेजें ताकि आप एक संस्था के जैसे काम करें तथा स्वयं सहायता समूह का कार्य देश के दूसरे भागों में फैलाएँ।

यही सब काम है जो करना है एक बार आप समूह को समर्पित हो जाएँ ताकि हम छुट्टी लेकर दूसरे स्थानों पर जाएँ।

**प्र. 19. आप स्वयं सहायता समूह के निर्माण के लिए इतने उत्सुक क्यों हैं?**

**आपको समूह से क्या लाभ है?**

**आप तो नौकरी कर रहे हैं, पैसा मिलता है, हमारे लिए क्या है?**

**आप गरीबों के लिए इतना परेशान क्यों हैं जबकी पहले ऐसा कभी नहीं हुआ?**

मैं एक संस्था में कार्य करता हूँ, जिसनें यह काम लिया है। चूँकि यह एक निजी कंपनी है। अतः यह व्यवसाय तथा लाभ के लिए कार्य करती है। जो लोग काम नहीं करते वे निजी कंपनी में लंबे समय तक नहीं रह सकते। जब एक निजी कंपनी में आप अच्छा कार्य करते हैं तो वहाँ हमेशा संभावना रहती है कि आपकी पदोन्नति होगी तथा अच्छी तनख्वाह मिलेगी। यह हमारा निजी कारण है हम स्वयं सहायता समूह के निर्माण के लिए कार्य कर रहे हैं।

कुछ और भी दूसरी चीजें हैं जिसे हम समूह के सदस्यों के साथ चर्चा कर सकते हैं। स्वतंत्रता प्राप्ति के पश्चात् बहुत सारे सरकारी क्षेत्र की यूनिटें प्रारंभ हुईं। इन यूनिटों को प्रारंभ करने के पीछे मत यह था कि या तो वे लाभ कमाएँगी अथवा बिना लाभ-हानि के चलेंगी। इन फैक्ट्रियों से रोजगार के अवसर पैदा होंगे तथा इससे देश बेरोजगारी की समस्या से उबर पाएगा।

हमारी चीनी मिलों तथा दूसरी फैक्ट्रियों का क्या हुआ?

कुछ लोगों को छोड़कर बाकी सारे लोगों ने जैसे-तैसे पैसा कमाना शुरू किया। इन फैक्ट्रियों ने हानि उठाना प्रारंभ किया। आम आदमी की राय यह थी कि चूँकि यह फैक्ट्रियाँ सरकारी हैं उनकी नहीं हैं।

वर्तमान परिस्थिति में घाटे में कौन है? सरकार ने यह निर्णय लिया कि इस प्रकार की चीजों को बढ़ावा नहीं देना है बल्कि सरकारी क्षेत्र की यूनिटों को हटाना है। अभी बाजार में कोई नौकरी नहीं है। अभी स्थिति में बदलाव आ गया है। सरकार तथा बाहर की फंड देने वाली संस्थाएँ निजी कंपनियों को अनुबंध देने के लिए पैसे खर्च कर रही हैं। अगर अब भी हम काम नहीं करेंगे तो बाजार में कोई नौकरी नहीं होगी।

सिक्के का दूसरा पहलू देखें। अगर हम 100 स्वयं सहायता समूह बनाने में सफल हो जाते हैं तो इन समूहों में 1000 सदस्य होंगे। अगर वे कोई व्यवसाय करेंगे तो सभी समूह एक या दो व्यक्तियों को रोजगार देंगे। इन गतिविधियों के द्वारा कितने रोजगार का सृजन होगा।

**प्र. 20.** **वर्तमान में आपका कार्यालय कहाँ है?**

**आप से कहाँ संपर्क करें?**

**दूसरे कौन लोग हैं, जो आपको जानते हैं?**

**आप कहाँ रहते हैं?**

**उपरोक्त सभी सवालों की सही-सही जानकारी दें। अन्य कोई सरकारी या गैरसरकारी संस्था के साथ आपकी जान पहचान है तो उसके बारे में भी आप विस्तृत जानकारी दें।**

इन सब विस्तृत जानकारियों के अतिरिक्त हमलोगों को यह समझना चाहिए कि हम आपके साथ क्यों काम कर रहे हैं? स्वयं सहायता समूह निर्माण के लिए जो केंद्र एवं राज्य सरकार द्वारा संचालित की जा रही है, इसका रेडियो तथा टी. वी. पर बहुत प्रचार होता है। हम आपसे कुछ माँगने नहीं जा रहे हैं। हम आपकी कोई बचत या पैसे अपने कब्जे में नहीं लेंगे, इसी प्रकार हम आपको कुछ देने नहीं जा रहे हैं। बहुत सारे गाँव वालों की उपस्थिति में हम आपसे बातें करेंगे। अगर आपको लगता है कि हम आपको सही सुझाव दे रहे हैं तो आप इस काम को कीजिए। अगर आप नहीं करना चाहते, तो मत कीजिए।

**प्र. 21. समूह की गतिविधियाँ क्या होंगी?**

**क्या आप हमें कोई नौकरी देंगे?**

**क्या स्वयं सहायता समूह के द्वारा आप हमें आय अर्जन के काम देंगे?**

**क्या हम समूह कोष को आय अर्जन की गतिविधि में लगा सकते हैं?**

समूह की क्या गतिविधि होगी? इस सवाल के उत्तर में बहुत सारे सुझाव आएँगे। वे कहेंगे की हम सिलाई प्रारंभ करेंगे, कुछ खाद्य पदार्थ की प्रोसेसिंग करेंगे, इत्यादि।

क्या आप नहीं सोचते कि इस प्रकार की गतिविधि समूह के द्वारा बहुत सारी संस्थाओं ने प्रारंभ की। क्या उन्होंने यह सब कार्य करके अपने उद्देश्यों की प्राप्ति कर ली है?

मैंने सार्वजनिक गतिविधियों में ज्यादा सफलता नहीं देखी है। लेकिन यदि दूसरी तरफ समूह की गतिविधियाँ एक हद तक ही एक साथ रहती हैं तो यह सफल होता है। समूह को उनकी बैठक साप्ताहिक करनी चाहिए। इस बैठक

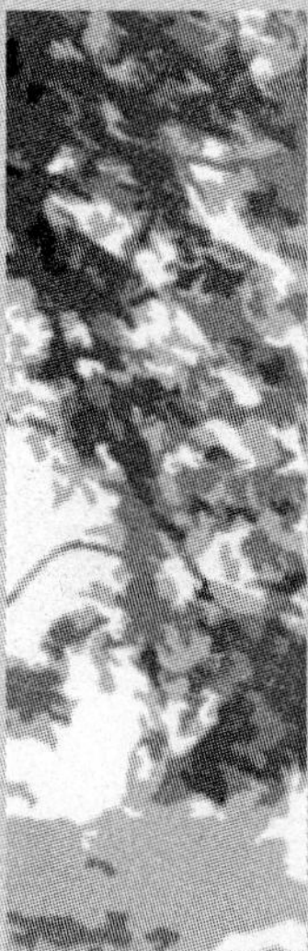

में वे समूह के सदस्यों की समस्याओं पर चर्चा कर सकते हैं। यह समस्या व्यक्ति-विशेष अथवा सबकी हो सकती है। वे उस समस्या का समाधान ढूँढ़ सकते हैं। समूह के सदस्यों को एक रास्ता दिखाया जा सकता है, उनको विकल्प सुझाया जा सकता है, लेकिन उनको उस रास्ते पर जाने के लिए दबाव नहीं दिया जा सकता।

समूह अपनी आर्थिक स्थिति के अनुसार बचत करे। यह बचत उनके सदस्यों को कर्ज देने के लिए इस्तेमाल की जा सकती है। समूह के सदस्य अपनी परेशानियों के लिए कर्ज ले सकते हैं। समूह के सदस्यों की पसंद के अनुसार व्यवसाय करने के लिए कर्ज उपलब्ध किया जा सकता है। समूह के सदस्यों से कर्ज की वापसी, आसानी से हो सकती है।

समय-समय पर समूह के लिए आवश्यक है कि वे सामाजिक मुद्दों की चर्चा करके और स्वयं सहायता समूह के द्वारा हल करें।

**प्र. 22. दूसरे वे कौन से स्थान हैं जहाँ इस प्रकार के कार्य हो रहे हैं?**

**समूह से उनको क्या फायदा हुआ है?**

बहुत सारी संस्थाएँ एवं स्थान हैं जहाँ स्वयं सहायता समूह का काम चल रहा है। मैंने झारखंड राज्य के लातेहार जिला के हेसला गाँव में यह काम किया है। उस समूह के पास अपना ट्रेक्टर है तथा 50,000/– रुपये से अधिक के कर्ज का लेन-देन कर रहा है। उस स्थान पर यह कार्य 1995 में कृभको, उत्तरी भारत, वर्षा पर आश्रित कृषि परियोजना द्वारा प्रारंभ किया गया था।

उसके बाद मैंने विश्व बैंक/आई फाड सहायित स्वशक्ति परियोजना में कार्य किया। मैंने वहाँ टीकमगढ़ जिला में जिला परियोजना प्रबंधक के पद पर कार्य किया। इस परियोजना को मध्य प्रदेश महिला वित्त एवं विकास निगम, मध्य प्रदेश शासन द्वारा चलाया जा रहा है। वहाँ सौ से अधिक ऐसे समूह हैं जो छोटे-छोटे कर्जों के लिए दूसरों पर निर्भर नहीं हैं। उनके पास आपसी लेन-देन के लिए समूह कोष में पैसे हैं।

वर्तमान में पटना जिला के नौबतपुर एवं विक्रम प्रखंडों में एक सौ से अधिक समूह हैं, जिन्होंने पिछले एक साल में इक्यानवे हजार से अधिक बचत की है। इन समूहों ने केवल बचत ही नहीं की है बल्कि चौबीस सौ व्यक्तियों को दो लाख सोलह हजार रुपये ऋण दिया है। सोचिए कि इन चौबीस सौ व्यक्तियों ने जो बाहर से ब्याज पर ऋण लेते, क्या उन्होंने समूह से ऋण लेकर नहीं दिखाया?

दो लाख सोलह हजार रुपये ऋण के लिए उन्हें हजारों रुपये बाहर के महाजन को देना पड़ता। हम लोग इन जगहों पर भ्रमण करके या आयोजन करके कुछ समूहों को देख सकते हैं।

**प्र. 23. इसी गाँव का चयन क्यों किया गया? दूसरे गाँव का क्यों नहीं?**

यहाँ परियोजना बेहतर भूमि एवं जल प्रबंधन के लिए कार्य कर रही है। आपके गाँव से नहर की नाली जो जा रही है उसका चुनाव इस कार्य के लिए किया गया है। जैसा आप जानते हैं कि इस नाली का नाम आर.पी. 5 है अतः इसके बगल के गाँवों को परियोजना के लिए चुना है। कुछ समय पश्चात् जब आप सोचेंगे कि स्वयं सहायता समूह लाभदायक है तब हम दूसरे गाँव में फैलने के लिए सोचेंगे।

**प्र. 24. समूह के सदस्य कौन लोग हो सकते हैं?**

क्या किसी प्रकार के समूह का अस्तित्व गाँव में है या नहीं? क्या लोग एक साथ खेल सकते हैं? क्या वे किसी उपलक्ष्य में एक साथ बैठ सकते हैं? क्या किसी समय वे एक साथ काम कर सकते हैं? अगर कोई इस प्रकार का प्रश्न पूछा जाएगा तो हम पाएँगे कि गाँवों में कुछ अनौपचारिक समूह का अस्तित्व है। वे जाड़े के मौसम में आग के चारों तरफ बैठते हैं। इस स्थान पर दस या इससे अधिक लोग जमा होते हैं। आदिवासी क्षेत्रों में लोग एक साथ हल जोतते हैं। झारखंड में अधिकतर भूमि ढालू है अतः मिट्टी में पानी रोकने की कम संभावना रहती है अतः उनको खेत जोतकर तुरंत बोआई करना जरूरी होता है। आवश्यकतानुसार वे खेत जोतते हैं। अगर पाँच हल की आवश्यकता है, तो वे एक साथ हल जोतते हैं। एक व्यक्ति को यह देखना पड़ता है कि वे कौन लोग हैं जो एक साथ हल जोतते हैं। यह इस बात का संकेत है कि उनका आपसी संबंध है। यह वही लोग हैं जो समूह के सदस्य हो सकते हैं। इस प्रकार का समूह लंबे समय तक रह सकता है। नौबतपुर क्षेत्र में कुछ समूह हैं उन्होंने समूह में बर्तन खरीदे हैं जिसका उपयोग शादी तथा दूसरे सामाजिक कार्यक्रमों में होता है। इस प्रकार के समूह का अस्तित्व हर गाँव में देख सकते हैं जिनका आपस में प्रेम संबंध है, वे स्वयं सहायता समूह शुरू कर सकते हैं।

गाँव में आपसी प्रेम संबंध वाले समूह खोजिए इस प्रकार के समूहों को स्वयं सहायता समूह का रूप देना अच्छा होगा।

**प्र. 25. क्या आप बैंक के द्वारा कर्ज देंगे?**

**बैंक से कर्ज देने का क्या तरीका है? स्वयं सहायता समूह बनाने के बाद यदि हर व्यक्ति कर्ज लेने को बैंक जाता है, तो क्या होगा? क्या वे कर्ज देंगे?**

**यहाँ तक कि गाँवों में भी कुछ लोग अपनी आवश्यकता के अनुसार कर्ज लेते हैं जबकि दूसरे लोगों को बहुत ही आपात् स्थिति में कर्ज नहीं मिलता, ऐसा क्यों होता है?**

यह साख की बात होती है, चाहे वह बैंक हो अथवा निजी सूदखोर। हम लोगों ने अभी तक क्या काम किया है। हम लोगों ने बैंक का कर्ज बहुत ही कम वापस किया हैं। अब बैंक यह विश्वास करता है कि विकास के क्षेत्र का कर्ज वापस नहीं मिलता, अतः वह इस क्षेत्र में कोई कर्ज देने के लिए बिल्कुल तैयार नहीं है।

वर्तमान में यही स्थिति है। एक व्यक्ति को बैंक वालों को विश्वास में लेने के लिए क्या करना होगा? अगर कोई बैंक का विश्वास जीत लेता है तो उसे प्रत्यक्ष रूप से कर्ज मिलेगा। हम लोगों को बैंक को विश्वास में लेने के लिए क्या करना होगा? समूह द्वारा इस चीज को हम दिखा सकते हैं कि यह कर्ज समय पर वापस हो जाएगा। अब यह आप पर निर्भर है कि आप इसे कैसे दिखाते हैं?

**प्र. 26. हम लोगों को महिला समूह की आवश्यकता क्यों है, केवल पुरुष स्वयं सहायता समूहों की क्यों नहीं?**

हम लोग अपनी दिनचर्या का उदाहरण लें। अगर किसी घर में पुरुष नहीं है तथा कोई व्यक्ति दरवाजा खटखटाता है तथा यह पूछता है कि क्या कोई घर में हैं? महिला सदस्यों का क्या जवाब होगा? मैं समझता हूँ कि आवाज आएगी कि कोई नहीं है। एक इंसान यह कहता है कि घर में कोई इंसान नहीं है। मैं भी नहीं सोचता हूँ वे बैठ सकते हैं या बात कर सकते हैं लेकिन वह यह उत्तर दे सकते हैं मैं यहाँ हूँ। लेकिन जिस व्यक्ति की आवश्यकता है वह अमुक समय पर मिलेगा। कृपया उस समय आइए। अगर हम लोग इस परिस्थिति से संतुष्ट हैं तो कोई भी महिला स्वयं सहायता समूह बनाने की आवश्यकता नहीं है, लेकिन अगर इस परिस्थिति को बदलना है तो हमें महिला समूहों की आवश्यकता है।

## ग्रामीण स्वयंसेवक क्यों महत्त्वपूर्ण है!

- संस्था के लिए यह असंभव है कि वह अपनी बातों को गाँव के सभी लोगों तक कम समय में पहुँचा सके।
- सहयोगी गाँव का होने के कारण 24 घंटा गाँव के लोगों के बीच सेवा देने के लिए तैयार रहता है। इस तरह अगर सहयोगी के द्वारा कार्य प्रारंभ किया जाता है तो परियोजना के कार्य के बारे में बहुत जल्द गाँव के लोगों को पता चल जाता है।
- सहयोगी सूचना के आदान-प्रदान का मुख्य स्रोत है।
- समूह की बैठक अक्सर सुबह या शाम को होती है जिसमें स्वयंसेवक आसानी से भाग ले सकता है।
- स्वयंसेवक गाँव के होते हैं, जिसको अपने गाँव की गरीबी के बारे-बारे में ज्यादा-से-ज्यादा जानकारी होती है।
- सहयोगी गाँव के होते हैं, इसलिए गाँव के लोगों का विश्वास कार्य के प्रति ज्यादा होता है। बाहरी व्यक्ति को विश्वास बनाने में ज्यादा समय लग जाता है।
- आपसी विश्वास होने के कारण लोगों की सहभागिता बढ़ जाती है।

- इस तरह सहयोगी द्वारा कार्य करने से कम-से-कम समय में ज्यादा से ज्यादा गाँव तक संस्था अपना पहुँच बना सकती है।
- सहयोगी द्वारा कार्य करने पर कम खर्च में ज्यादा-से-ज्यादा समूहों का गठन कम-से-कम समय में किया जा सकता है।
- अगर ठीक ढंग से सहयोगी को प्रशिक्षित किया जाए तो परियोजना के अंत तक यह एक ग्रामीण स्तरीय संसाधन इकट्ठा करने वाला केंद्र बन जाता है जो समूह को सहयोग करने में अहम भूमिका निभाता है।
- स्वयंसेवक से समाज के सभी वर्गों में संवाद जाता है।

# ग्रामीण स्वयंसेवकों का चुनाव

ग्रामीण स्वयंसेवकों के द्वारा समूह का बनाना कोई नई बात नहीं है। कई और संस्थानों ने इसके प्रयोग किए हैं। लेकिन ग्रामीण स्वयंसेवकों का एक गैरसरकारी संस्था के रूप में उदय शायद सी. पी. एस. एल. के लिए नई बात है। इस प्रक्रिया में कारगर होने से कम समय और कम लागत पर समूह बनाना आसान हो गया है। इससे ग्रामीण बेरोजगार के बीच रोजगार उत्पन्न होने की प्रचुर संभावना दिख रही है। इन सबको कारगर बनाने के लिए यह आवश्यक है कि सही तरीके से स्वयंसेवकों का चुनाव हो एवं उन्हें सही तरीके से प्रशिक्षित किया

जा सके। इन सभी प्रक्रियाओं में स्वयंसेवकों को अपना भविष्य नजर आना चाहिए जिससे स्वयंसेवक अपने जीविकोपार्जन में लगातार प्रगति दिखा सके।

सी. पी. एस. एल. के सदस्यों ने निम्नलिखित प्रक्रिया का पालन करते हुए, तीन साल के अंदर ही ऐसी गैरसरकारी संस्था को स्थायी करने तक पहुँचाया। आज एक स्वयंसेवक की संस्था अपने पैरों पर खड़ी है। आइए देखें ये क्या प्रक्रिया है।

**1. बारंबार पूछे गए प्रश्नों के संभावित उत्तर के साथ गाँवों का भ्रमण एवं ग्रामीणों के कार्यों में थोड़े समय के लिए हाथ बँटाना :**

पिछले अध्याय के प्रश्नों को ध्यान में रखते हुए सी. पी. एस. एल. के सदस्यों ने गाँवों का दौरा प्रारंभ किया। दौरा के दौरान जिस किसी कार्य में भी ग्रामीण लगे थे, उनमें थोड़ी देर के लिए भाग लिया। जैसे अगर कोई किसान/मजदूर खेत में काम कर रहे थे, तो सी. पी. एस. एल. के सदस्यों ने उनसे पूछा, कि क्या वे इन कार्यों को सी. पी. एस. एल. के सदस्यों को सिखा सकते हैं? अगर कहीं ताश खेल रहे हैं, तो उनके साथ थोड़ी देर के लिए बैठ गए। इसमें भाग लेने से कुछ देर के बाद ग्रामीण पूछते हैं कि आप कौन हैं। इस सवाल के उत्तर में ये बताया गया कि वे बहुत दिनों से बहुत-सी जगहों में समूह बनाते आ रहे हैं और इस गाँव में भी प्रयास करना चाहते हैं। स्वयं सहायता समूह एक खेती की तरह है जिसे आप अपनी खेती में जोड़ सकते हैं। इसके बाद जो वार्तालाप होता है, वह फिर बारंबार पूछे जाने वाले प्रश्नों पर चले जाते हैं। उदाहरण के तौर पर, लोग पूछते हैं कि समूह बनाने से क्या फायदा होगा। प्रश्न का उत्तर देने के लिए प्रश्नों का ही सहारा लिया जाता है और ग्रामीणों से पूछा जाता है कि आप इस समय क्या करते हैं। अक्सर उत्तर आता है कि खेती का काम करते हैं। फिर उनसे पूछा जाता है कि खेती में सर्वप्रथम क्या करते हैं। ग्रामीणों से उत्तर आता है कि पहले जोताई करनी पड़ती है। अगर प्रश्न का उत्तर जोताई से शूरु नहीं होता है, तो सी. पी.एस. एल. के सदस्य उन्हें और सवाल पूछ कर जोताई पर लाते हैं। फिर पूछा जाता है कि जोताई के बाद क्या करते हैं और इस तरह से जवाब आता है कि बोआई, फिर बोआई के बाद निकोनी, फिर पटवन, फिर खाद पानी, फिर फसलों की कटाई। सी. पी. एस. एल. के सदस्य पूछते हैं कि जोताई से कटाई तक कितना समय लगता है। लोगों का जवाब होता है कि तीन से छः महीने। सी. पी. एस. एल. के सदस्य पूछते हैं कि क्या आप जोताई के दिन खेत से

पूछ सकते हैं कि कितनी फसल उपजेगी?

ठीक इसी तरह आप अभी नहीं जान सकते हैं कि क्या फायदा होगा। आपके कुछ खेत में कितनी और कौन-सी फसल होगी, इसका नतीजा मैं कैसे बता सकता हूँ। कोई अपने खेत में साल में केवल एक ही फसल उगा पाता है, वहीं कुछ किसान अपने खेत में दो या तीन फसल भी लेते हैं। इसका फैसला आप स्वयं करते हैं। इस सबका फैसला कौन कर सकता है, मैं या फिर आप?

इस तरह के सवाल से हम क्या समझाने की कोशिश कर रहे हैं। एक तरफ हम उन्हें संवाद दे रहे हैं कि समूह कुछ अलग चीज नहीं है और इनका समावेश उनके अपने कार्यों में किया जाए।

इस तरह से हम भागीदारी के असली पहलू को समझा पाते हैं। जब उन्हें अहसास होता है कि समूह एक बाहरी स्कीम नहीं होकर उनका एक अपना कार्य है। यह किसी भी भागीदारी प्रशिक्षण से ज्यादा कारगर तरीका है, जिसके द्वारा उन्हें प्रशिक्षत किया जा सकता है।

एक दूसरी बात जो इस तरह के वार्तालाप में निकलकर आती है, वह है निर्णय लेने की क्षमता। जब कोई संस्था समूह बनाना चाहती है और वह जाकर ग्रामीणों को बोलती है कि आप समूह बनाने और ऋण लेकर मशरूम अथवा कोई अन्य कार्यक्रम शुरू करें। यह निर्णय किसका है? भागीदारी प्रक्रिया एवं ऊपर से कार्यक्रम लादने में, केवल थोड़ा-सा ही फर्क होता है।

ये सारा वार्तालाप सही मायने में भागीदारी प्रक्रिया एवं निर्णय लेने की प्रक्रिया को बड़े ही आसान तरीके से समझाता है। अब हम फिर एक बार अपने लक्ष्य पर चलें। हम लोग गाँव का भ्रमण कर रहे थे। एक और स्वयंसेवक की तलाश कर रहे थे। जब उपर्युक्त वार्तालाप होता है तो तरह-तरह के लोगों से बातें होती हैं।

## 2. स्वयंसेवकों की योग्यता एवं चुनाव

जब हम गाँव का भ्रमण कर रहे होते हैं, तो विभिन्न तरह के लोगों से मुलाकात होती है। कुछ लोग सी. पी. एस. एल. के सदस्यों को देखते ही छुप जाते हैं ताकि सी. पी. एस. एल. के सदस्यों की बेकार की बातों से बच सकें। ऐसे लोग सी. पी. एस. एल. के सदस्यों से मिलना नहीं चाहते हैं। इनमें से ज्यादातर लोगों को लगता है कि इस कार्यक्रम से उन्हें कुछ मिलने वाला नहीं है।

वहीं दूसरी तरफ चंद लोग ऐसे भी होते हैं जो सी. पी. एस. एल. के

सदस्यों को जाते समय पूछते हैं कि आप फिर कब आएँगे। ऐसे लोगों पर सी. पी. एस. एल. के सदस्यों की नजर होती है।

फिर ये देखा जाता है कि ये लोग जिन्होंने जाने के समय ये पूछा था कि आप कब आएँगे फिर एक बार अगले आगमन के दिन इंतजार में बैठा होता है।

ये लोग न केवल इंतजार में बैठे रहते हैं बल्कि पहुँचने के बाद और सवाल पूछते हैं जो बारंबार पूछे जानेवाले सवाल ही होते हैं।

ये लोग हमें ये भी बताते हैं कि उन्होंने कुछ ग्रामीणों से बात की है और कुछ लोगों ने समूह बनाने की इच्छा जताई है। बस इतने से योग्यता को पूरा करने के बाद कि हम ये फैसला करते हैं कि हमें इनके साथ ही काम करना है। लेकिन अभी हम इनसे पैसे की कोई बात नहीं करते हैं। इस समय तक ये तय नहीं हो पाता है कि हम स्वयंसेवक को किसी तरह का भुगतान देंगे।

### 3. महिला स्वयंसेवकों का चुनाव

अगर टीम में महिला कार्यकर्त्ता हो तो फिर कोई विशेष प्रकार की जरूरत नहीं होती है। किंतु अगर महिला सदस्य नहीं हो तो फिर आपको महिला स्वयंसेवकों को खोजने के लिए कुछ खास प्रक्रिया अपनानी पड़ेगी। चूँकि पहले दौर के समूह बनाने में सी. पी. एस. एल. टीम के साथ महिला सदस्य नहीं थी, एवं दूसरे दौर के समूह निर्माण प्रक्रिया में महिला सदस्य टीम के साथ थी। अतः सी. पी. एस. एल. के साथ दोनों अनुभव हैं। जहाँ महिला सदस्य थी, वहाँ के लिए उपर्युक्त प्रक्रिया ही अपनाई गई। अब ये आवश्यक है कि जिन स्थानों पर महिला सदस्य है वहाँ की प्रक्रिया को समझा जाए। सर्वप्रथम सी. पी. एस. एल. के सदस्यों ने जानने की कोशिश की कि गाँव में कितने लोग स्कूली शिक्षा ग्रहण किए हुए हैं ऐसा सभी सामाजिक वर्गों के बीच करना चाहिए। जब ये मालूम हो गया कि गाँव में कुछ महिला पढ़ी-लिखी हैं तब उनके पति अथवा गार्जियन से संपर्क साधा गया। उनके अभिभावक अथवा पति को बारंबार पूछे गए प्रश्नों के द्वारा स्वयं सहायता समूह के महत्त्व को समझाया गया। एक बार जब उनके अभिभावक समझ गए तो उन्होंने ही अपने घर की महिला सदस्यों को सी. पी. एस. एल. के सदस्यों से मिलवाया। उसके अभिभावक ने मना भी किया। जिन महिला के साथ सी. पी. एस. एल. के सदस्यों की बातचीत हुई उनको फिर बारंबार पूछे गए प्रश्नों के द्वारा समझाया गया कि वह घर के काम-काज के अलावा समूह बनाने का कार्य भी कर सकती है।

उन्हें स्पष्ट रूप से बताया गया कि अगर वे पुरुषों के साथ बैठक में नहीं बैठना चाहती हैं तो फिर महिलाओं के लिए अलग से बैठक किया जा सकता है। लेकिन ये विचार देने पर अधिकतर महिलाओं ने पुरुषों के साथ ही बैठना पसंद किया। अगर उन्होंने अलग बैठने की इच्छा जाहिर की होती तो उन्हें अलग भी एक बैठक करने की संभावना हो सकती थी।

इस तरह महिला बैठक में शामिल होने लगीं और पूरी प्रक्रिया साथ-साथ चलने लगी।

### 5. मुख्य बातें–

- हम ऐसे स्वयंसेवकों की तलाश करते हैं, जो हमारी बातों में कुछ आशा की किरण को देखते हैं।
- जो हमारे गाँव में आने का इंतजार करते हैं।
- जो हमारे आने पर, जानने की इच्छा से सवाल करते हैं न कि घृणा की दृष्टि से देखते हैं।
- ऐसे स्वयंसेवक जो इस वार्तालाप को केवल अपने तक ही सीमित नहीं रखते हैं, बल्कि ग्रामीण बंधुओं से भी इन बिंदुओं पर चर्चा करना आरंभ कर देते हैं।
- इस चर्चा को फिर हमारे बीच लाते हैं।
- किताबी पढ़ाई यद्यपि जरूरी नहीं है, लेकिन ऐसा देखा गया है कि ज्यादातर लोग स्कूल अथवा कॉलेज की डिग्री लिए हुए होते हैं। कुछ लोग ऐसे भी होते हैं जिनके पास स्कूल या कॉलेज की शिक्षा नहीं होती, परंतु उनको बड़ा ही व्यावहारिक अनुभव होता है और वे अक्सर पढ़े-लिखे से ज्यादा अच्छा कर सकते हैं।

# ग्रामीण स्वयंसेवकों का प्रशिक्षण

लगभग गाँव में प्रवेश के दूसरे महीने के अंत या तीसरे महीने के प्रथम सप्ताह में हमारे साथ छः-सात या इससे अधिक स्वयंसेवक आ जाते हैं। अब बहुत ही महत्त्वपूर्ण बिंदुओं पर हम पहुँच चुके होते हैं। प्रशिक्षण किसी भी कार्यक्रम की सफलता के लिए आवश्यक होता है। लेकिन प्रशिक्षण के तरीके इससे भी ज्यादा महत्त्वपूर्ण हैं। लेखक अपने 18 साल की नौकरी के दौरान देश और विदेश में सैकड़ों प्रशिक्षण ले चुके हैं। निश्चित रूप से इसका ही नतीजा रहा है कि लेखक में अपनी इस संस्था को चलाने की न केवल भावना आई, बल्कि विश्वास भी हुआ कि अलग-अलग तरीके का प्रयोग सफलता की पूँजी है।

एक दिन का या पाँच दिनों का प्रशिक्षण देकर हमने भागीदारी की प्रक्रिया समझाने की कोशिश की लेकिन देखा गया कि यह प्रशिक्षण केवल कागजी प्रक्रिया ही रह गयी।

सी. पी. एस. एल. ने प्रशिक्षण का एक नया प्रयोग किया है, इस प्रशिक्षण में सी. पी. एस. एल. ने जो प्रक्रिया अपनाई उसके परिणामस्वरूप तीन वर्षों के भीतर लगभग 550 समूहों का बन जाना, हमारे प्रशिक्षण की उपयोगिता को सिद्ध करता है। इन समूहों का बन जाना इतना महत्त्वपूर्ण नहीं है जितना कि इन समूहों के लगातार बेहतर प्रदर्शन हैं। इनके प्रदर्शन को देखते हुए बाहरी संस्थाओं ने, एजेंसियों ने, इन समूहो के साथ कार्यक्रम या तो प्रारंभ कर दिया या वे अपने कार्यक्रम बना रही हैं। मैं इस प्रशिक्षण की विधि को ज्यों-का-त्यों

आपके सामने रखना चाहता हूँ और आशा करता हूँ कि आप इसमें आवश्यक सुधार कर इसका प्रयोग करना चाहेंगे।

जब सी. पी. एस. एल. के सदस्यों ने देखा कि कुछ स्वयंसेवक सी.पी. एस. एल. के सदस्यों के आगमन का इंतजार कर रहे होते हैं। ये स्वयंसेवक हर एक प्रस्थान के वक्त जानने की कोशिश करते थे कि सी. पी. एस. एल. के सदस्यों का अगला आगमन कब होगा।

इतना होने के बाद सी. पी. एस. एल. के सदस्यों ने उनके बीच प्रस्ताव रखा कि क्यों न हम लोग सप्ताह में समय और दिन तय कर के मिलें। लगभग सभी तत्कालीन स्वयंसेवकों ने इस प्रस्ताव को स्वीकार किया। इसके बाद बैठक योजनाबद्ध तरीके से शुरू हुई।

अब समूह के बारे में धीरे-धीरे उनसे व्यावहारिक चर्चा करना शुरू करते हैं। सर्वप्रथम हम तय करते हैं कि हम चार सप्ताह तक साथ बैंठेंगे अगर उसके बाद अच्छा नहीं लगे तो बैठना बंद कर देंगे। इन छोटी-छोटी चर्चाओं को हम अध्याय में नहीं बताना चाहते हैं क्योंकि हमने देखा है कि प्रशिक्षक लोगों के साथ समझ बनाने से ज्यादा अपने अध्याय को पूरा करने में ज्यादा ध्यान देने लगते हैं। सी. पी. एस. एल. ने कभी कोई ऐसी रेखा तय नहीं की कि आज हम पूरे तौर से बचत के बारे में चर्चा करें। बल्कि स्वयंसेवकों की व्यावहारिक इच्छा को देखते हुए उनकी ही समस्याओं पर चर्चा केंद्रित की है।

अतः प्रशिक्षक के मन में अध्याय की बनावट होनी चाहिए न कि उनको उसी दिन पूरा करने का लक्ष्य।

इस प्रक्रिया में जब हम प्रथम दिन से बैठे हुए स्वयंसेवकों से पूछते हैं कि हमने पिछले तीन महीने से आप लोगों से बातचीत की है। आपको क्या लगता है कि समूह बनाना चाहिए अथवा नहीं। एक बार फिर बारंबार पूछे जाने वाले प्रश्नों की हो जाती है। हम बारंबार पूछे जाने वाले प्रश्नों का जिक्र बारंबार कर रहे हैं, इसका यह अर्थ नहीं है कि प्रश्न बार-बार आते हैं बल्कि एक बार जब स्वयंसेवक उत्तर लेकर जाते हैं और लोगों से चर्चा करते हैं, तो उन्हें और भी बहुत सारे प्रश्न ग्रामीणों से मिल जाते हैं।

प्रथम सप्ताह में उन्हें हम फिर एक बार उनके द्वारा पूछे गए प्रश्नों का उत्तर देकर छोड़ देते हैं। याद रहे हमारे उत्तर देने का तरीका हमेशा ही प्रश्न पूछना है। इस प्रकार की चर्चा में कभी भी जल्दबाजी नहीं करनी चाहिए। एक

बार फिर बारंबार पूछे जाने वाले प्रश्नों को देखें।

पहली बैठक में जब हम उनके प्रश्नों का उत्तर देकर एक बात पूछते हैं, कि क्या आप समूह बनाने के लिए तैयार हैं तो उनका जवाब हाँ में ही होता है।

इस बैठक में हम उनसे उनके भुगतान की भी बातें करते हैं। उन्हें बताया जाता है कि आप समूह बनाएँ अथवा नहीं, लेकिन हम अब से ऐसा करते हैं कि आप चर्चा इसी प्रकार (जैसा कि आपके साथ अभी हुआ है) से ग्रामीणों के बीच करेंगे और उनके विचारों पर चर्चा अगली बैठक में करेंगे।

अगर इस तरह की चर्चा से समूह बन जाता है तो समूह की प्रत्येक बैठक के लिए आपको 25 रुपये मिलेंगे। ये रुपये तब मिलेंगे जब आप मुझे एक-एक पृष्ठ के फॉर्म भर कर देंगे।

एक बात और भी साफ कर दी जाय कि आपको सिर्फ 6 से 9 महीने ही मिलेंगे। इसके बाद बहुत जगह ऐसा भी हुआ है कि बहुत से स्वयंसेवक खुद से कमाने लगे हैं और बहुत से स्वयंसेवक घर चले गए। अगर आप अच्छे समूह बनाते हैं तो आपके सामने बहुत से रास्ते निकल सकते हैं और अगर आप कागजी समूह बनाते हैं, तो आप आगे के रास्ते को बंद कर लेंगे।

अगले दिन की बैठक में उनसे गाँव में ग्रामीणों से हुई बातचीत पर चर्चा करते हैं। इस दौरान स्वयंसेवक या तो फिर बारंबार पूछे जाने वाले प्रश्नों को लेकर आते हैं या फिर बोलते हैं कि ग्रामीण समूह बनाने के लिए तैयार हैं, जो सदस्य समस्या लेकर आते हैं उनको प्रश्न पूछकर उत्तर देते हैं, प्रश्न पूछकर उत्तर देने से अच्छी भागीदारी बनती है।

ऐसे स्वयंसेवक जो कहते हैं कि ग्रामीणों के बीच स्वयं सहायता समूह बनाने के लिए तैयार हैं, उन्हें बताया जाता है कि वे ग्रामीणों से कहें कि पहले वे चार बैठकों में बैठकर कुछ और जानकारी हासिल करें फिर फैसला करें कि उन्हें समूह बनाना है अथवा नहीं!

अब इन चार बैठकों की प्रथम बैठक में एक चित्र, जो नीचे है, उस पर चर्चा की जाती है।

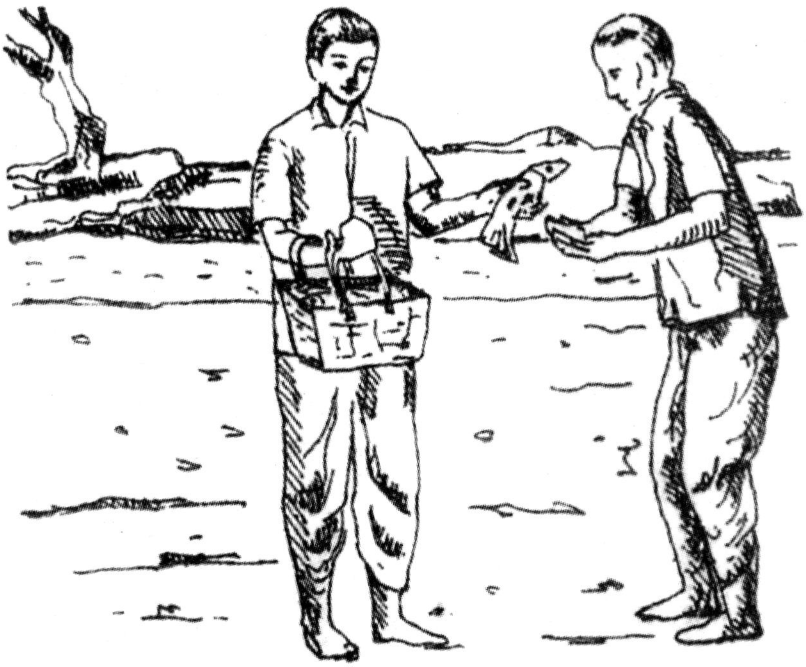

**चित्र 1 मछली वाला**

इसको बारी-बारी से बैठक में शामिल कर सभी के पास घुमाया जाता है और उनसे पूछा जाता है कि वे इस चित्र में क्या देख रहे हैं। चित्र को लेकर उसे समझाने की कोशिश नहीं करनी चाहिए। लगभग तीस से पैंतालीस मिनट की चर्चा के बाद सहभागी इस निर्णय पर पहुँचते हैं कि एक व्यक्ति मछली बाँट रहा है, अगर कोई दूसरा इससे अलग कुछ समझता है तो उससे प्रश्न पूछकर साफ किया जाता है कि एक व्यक्ति ही मछली बाँट रहा है, उदाहरण के तौर पर अगर कोई सदस्य कहता है कि एक व्यक्ति मछली खरीद रहा है तो उससे पूछा जाता है कि क्या खरीदने वाले का सिर इस तरह से झुका रहता है? इस तरह के सवालों के पूछते रहने से सहभागी कहने लगते हैं कि वास्तव में मछली बाँटी ही जा रही है इसके बाद हम एक और चित्र दिखाते हैं जो नीचे दिया जा रहा है–

**चित्र 2**

फिर ऊपर वाली प्रक्रिया को दुहराया जाता है इसमें भी पहले वाली प्रक्रिया को दुहराकर इस नतीजे पर पहुँचा जाता है कि इसमें मछली पालने और पकड़ने की कला को सीखने की कोशिश की जा रही है, चर्चा को जल्दी में समाप्त करने की कोशिश नहीं करनी चाहिए। हमारा अनुभव है कि जिस स्वयंसेवक ने जल्दी में चर्चा करने की कोशिश की उसका समूह कमजोर बना और जिन्होंने चर्चा में पूरा समय लगाया उनका समूह मजबूत बना। इन दोनों चित्रों की चर्चा में एक बैठक का समय लग जाता है, जब दोनों चित्रों पर चर्चा हो जाती है ो भागीदारों से पूछा जाता है कि उनकों कौन-सा चित्र अच्छा लगा, और क्यों? लगभग सभी भागीदार बताते हैं कि मछली पालने और पकड़ने वाला चित्र ही अच्छा है, हमारा समूह भी इसी तरह का है और हमें ऐसी उम्मीद नहीं करनी चाहिए कि हमें मुफ्त में समूह के माध्यम से कुछ मिल जाएगा, अगर कोई भी भागीदार कुछ मुफ्त में लेने की इच्छा रखता है तो अभी ही आप समूह नहीं बनेगा अन्यथा आपको बाद में निराशा होगी।

अगर आप दूसरे चित्र की तरह सीखने और आगे बढ़ने की इच्छा रखते हैं तो समूह बनाने का फैसला करें। इस चित्र पर चर्चा के बाद गाँव में न

केवल समूह बनने लगते हैं बल्कि समूह बनने की रफ्तार भी बढ़ जाती है। समूह बनने की गति जो हमने पिछले तीन वर्षों में पायी है, उसे नीचे दी गई सारणी में दिखाया जा रहा है—

**सारणी-1**

| क्रम संख्या | विवरण | वर्षवार समूह निर्माण एवं प्रतिशत वृद्धि | | |
|---|---|---|---|---|
| | | 2001 | 2002 | 2003 |
| 1. | समूहों की संख्या | 76 | 122 (60%) | 435 (256%) |
| 2. | सदस्यों की संख्या | 734 | 1221 (66%) | 4417 (261%) |
| 3. | महिला सदस्यों की संख्या | 290 | 716 (146%) | 1322 (184%) |

इस चर्चा से समूह में स्वयं सहायता की भावना उत्पन्न होती है, बहुत दिनों के बाद भी जब सदस्यों से पूछा जाता है कि आपने बैठक में क्या चर्चा की तो ग्रामीण समूह के सदस्य बताते हैं कि उन्होंने एक चित्र देखा था जिसमें मछली को पालना और पकड़ने को सीखना ही स्वयं सहायता है न कि मुफ्त में माँगना, अगर समूह इस तरह से बात करता है, इसका अर्थ है कि हम सही अर्थों में ग्रामीणों तक अपनी बातों को पहुँचाने में सफल रहे हैं। इस प्रक्रिया से एक और मदद जो संचालित करने वाली संस्था को मिलती है कि जो ग्रामीण मुफ्त में लेने के चक्कर में थे, वे संस्था के सदस्यों से मिलने से कतराने लगे, जब आप कोई मुफ्त बाँटने की योजना को लेकर जाते हैं तो ऐसे लोगों से पीछा छुड़ाना मुश्किल होता है, जो केवल उस मुफ्त की वस्तु लेने की ही इच्छा रखते हैं। इसमें गाँव के सम्पन्न तबके के लोग आगे रहते हैं, इनको नजरअंदाज कर गाँव में काम करना आसान नहीं होता है। लेकिन जब संस्था के पास कुछ देने के लिए नहीं है तो ऐसे सम्पन्न तबके के लोग अलग हो जाते हैं।

इन सम्पन्न तबके के लोगों का दूसरा पक्ष यह है कि जब इन्हें छोटी से बचत के साथ समूह को शुरू करने की सलाह देते हैं, तो इनका वर्तमान कार्य का मूल्य समूह के फायदे से अधिक होता है और ये लोग समूह बनाना नहीं चाहते हैं।

अगर हमें सचमुच में गरीब के साथ कार्य करना है तो इस मुफ्त की

धारणा को बंद करना आवश्यक है, सी. पी. एस. एल. संस्था के द्वारा बनाए गए समूह में अस्सी प्रतिशत सदस्य समाज की मुख्य धारा से छूटे हुए लोग हैं जिन्हें हम अनुसूचित जाति के नाम से जानते हैं, इनमें से 95 प्रतिशत सदस्यों के पास मजदूरी के अलावा आमदनी का और कोई दूसरा साधन नहीं है।

ऐसा देखा जाता है कि महिलाओं के लिए बहुत-सी अलग परियोजनाएँ चलाई जा रही हैं, हमने इस परियोजना के तहत केवल महिला स्वयं सवेक को अपने प्रशिक्षण कार्यक्रम में शामिल किया। इसके बाद इन्हें कभी भी नहीं कहा कि आप सिर्फ महिलाओं का ही समूह बनाएँ परिणाम में हमने पाया कि आधे से अधिक समूह महिलाओं के ही बने हैं इनमें से अधिकतर महिला समूहों को पुरुष स्वयंसेवकों ने बनाया है। अतः यह कहा जा सकता है कि मुफ्त नहीं देने और सही प्रशिक्षण गरीबों एवं महिलाओं को शामिल करने में अहम भूमिका निभाता है।

ऊपर वर्णित चित्रों का व्यवहार हमें बार-बार करना चाहिए क्योंकि कुछ सदस्य पूछ बैठते हैं कि अन्य संस्था के द्वारा निर्मित समूह में कुछ चीजें अथवा पैसे मुफ्त में बाँटे जा रहे हैं यहाँ हम सिर्फ चित्र की बात कर रहे हैं और हम आगे इस पुस्तक में इस मुफ्त के वितरण पर भी बात करेंगे। इस बात को भी बार-बार साफ करने की जरूरत है कि हम कुछ भी आपको कभी भी मुफ्त में नहीं दे पाएँगे, अगर आप समूह बनाना चाहें तो बनाएँ अन्यथा आप समूह तोड़ सकते हैं। इस तरह ऊपर की चर्चा दो बैठकों में हो जाती है। तीसरी बैठक में हम कहानी और एक खेल खेलते हैं। यहाँ यह साफ करना जरूरी है कि केवल जितना लिखा जा रहा है उतनी ही चर्चा बैठक में नहीं होती बल्कि शुरुआत के दिनों में बारंबार पूछे जाने वाले प्रश्नों पर हमारी चर्चा केंद्रित रहती है, हम ऐसा जानबूझ कर रहे हैं ताकि लोग समझ-बूझकर समूह बनाएँ। अगर उन्हें अभी कुछ आशा है कि मुफ्त में कुछ समूह के द्वारा मिलेगा तो वे अपना समूह तोड़ सकते हैं। अब हम जो कहानी सुनाते हैं वह इस प्रकार है—

एक सड़क पर दो पत्थर पड़े थे, एक मूर्तिकार उधर से गुजर रहा था। उसने पहले पत्थर से पूछा कि वह उसकी मूर्ति बनाना चाहते हैं। पहले पत्थर ने कहा कि मूर्ति बनाने की प्रक्रिया में आपके काटने पीटने से बहुत दर्द होगा, अतः हमें मूर्ति के रूप में परिवर्तित नहीं होना है। फिर मूर्तिकार दूसरे पत्थर के पास पहुँचा और उसने उससे भी इसी सवाल को दुहराया, दूसरे पत्थर ने

कहा चलो दर्द तो होगा पर हमें मूर्ति बना ही डालो, पूरे रात की मेहनत से मूर्तिकार ने दूसरे पत्थर को मूर्ति के रूप में बदल डाला। सुबह जब गाँव के लोगों ने सड़क पर पड़ी एक मूर्ति को देखा तो सबों ने उसकी पूजा करनी शुरू कर दी, पूजा करने के क्रम में लोग पहले वाले पत्थर के ऊपर से गुजरने लगे, अतः पहले वाले पत्थर की तकलीफ सदा के लिए बढ़ गई। अब इस कहानी पर हम बारी-बारी से सबों की राय जानने की कोशिश करते हैं, हो सकता है समूह के सदस्य भी कुछ इस प्रकार की कहानी सुनाना चाहते हों, तो हमें उनकी भी बातों को ध्यान से सुनना चाहिए। चर्चा के पश्चात् सहभागी खुद उदाहरण देकर बताते हैं कि बिना मेहनत किए और कष्ट उठाए कुछ भी हासिल नहीं हो सकता है।

अगर इस बैठक में और समय हो तो हम आगे एक खेल खेलते हैं। अन्यथा इस खेल को आगे की बैठक में खेलते हैं। सहभागी के इच्छानुसार चर्चा होना जरूरी है न कि उनके ऊपर चर्चा को थोपने की आवश्यकता है, अगर सहभागी बारंबार प्रश्नों के उत्तर चाहते हैं तो उनके साथ चर्चा वहीं पर होनी चाहिए, यह चर्चा तब तक चलनी चाहिए जब तक खुद भागीदारों के पास सवाल खत्म नहीं हो जाते हैं। आप जल्दी में समूह बना सकते हैं, लेकिन उसे चला नहीं सकते हैं।

एक खेल जो समूह के लिए आवश्यक है। हम छोटे-छोटे पत्थरों का एक ढेर लगाते हैं। अब हम तीन भागीदारों को बुलाते हैं। पहले भागीदार के हाथ में तीन छोटे-छोटे पत्थर देते हैं और उनको ढेर के एक मीटर के करीब से तीन बार में ढेर पर निशाना लगाने को कहते हैं। तीनों बार में जितने पत्थर ढेर से अलग हो जाते हैं उन्हें अलग रखा जाता है।

फिर एक दूसरे भागीदार को केवल दो पत्थर देते हैं और उनको करीब तीन मीटर की दूरी से निशाना लगाने को कहते हैं। फिर जितने पत्थर ढेर से अलग होते हैं, उनको अलग रख देते हैं।

अब एक तीसरे भागीदार को केवल एक पत्थर देकर करीब दस मीटर की दूरी से ढेर पर निशाना लगाने को कहते हैं।

साफ है कि नजदीक से तीन बार निशाना लगाने वाले भागीदार ढेर से ज्यादा पत्थर अलग करते हैं जबकि दूर से केवल एक बार निशाना लगाने वाले बहुत कम अथवा कोई भी पत्थर अलग नहीं कर सकते हैं। हम बैठक में शामिल लोगों से पूछते हैं कि ऐसा क्यों होता है? चर्चा से निकलता है कि जिन लोगों

के पास साधन होते हैं उन्हें आगे प्रगति करने में खास दिक्कतें नहीं होती हैं और हमें उनके आगे बढ़ने से लाभ ही मिलता है, यहाँ हमारा प्रयास है कि जिन लोगों के पास केवल एक पत्थर है और वे ढेर के नजदीक भी नहीं होते हैं उनको ढेर के नजदीक लाया जाए नजदीक लाने का मतलब हम कुछ उदाहरण से स्पष्ट कर सकते हैं। मान लिया जाए कि गाँव में प्रखंड से कोई अधिकारी आते हैं तो सर्वप्रथम कहाँ जाते हैं? वैसे लोगों के पास जो ढेर के नजदीक होते हैं। वे ऐसा क्यों करते हैं? क्योंकि जो लोग ढेर से दूर हैं वे मजदूरी के कार्य में लगे होते हैं और उनसे मिलना संभव ही नहीं है लेकिन जब हम समूह बनाते हैं तो एक बैठक का दिन तय करते हैं तथा इसकी जानकारी सबों को देते हैं ऐसा होने से गाँव में आनेवाले सभी आगंतुक एक बार समूह के बारे में अवश्य ही पूछते हैं, जब हमारे हाथ में केवल एक पत्थर यानी कुछ ही पैसे होते हैं तो हम कुछ भी नहीं कर सकते हैं लेकिन 435 समूह के सदस्यों ने 45,000 रुपये जमा कर 11,00,000 से ज्यादा की राशि का ऋण लगभग 7,000 सदस्यों को दिया है। क्या आपको नहीं लगता है कि हमारे ढेर के नजदीक पहुँचने का रास्ता समूह ही है? फिर हम उनकी चर्चा को सुनते हैं तथा बारंबार प्रश्नों के उत्तर के साथ चर्चा में भाग लेते हैं।

फिर हम एक बार भागीदारों की राय लेते हैं कि क्या वे समूह बनाना पसंद करेंगे। अगर उनका उत्तर हाँ में है तो फिर अगली बैठक में आएँ अथवा आज के बाद बैठक को बंद कर सकते हैं। हमने अपने अनुभव से देखा है कि 90 प्रतिशत भागीदारों ने आगे बढ़ने का फैसला किया तथा दस प्रतिशत ने अपना बैठक बंद कर लिया। इससे हमें चिंतित होने की आवश्यकता नहीं है क्योंकि कुछ दिनों के बाद 10 प्रतिशत लोगों ने फिर से समूह बनाने का फैसला लिया।

## गरीब तक कैसे पहुँचें!

- इसके लिए हमने सबसे पहले गाँव में सहयोगी का चयन किया, चयन करने के बाद सहयोगी को अपने तरीके से प्रशिक्षित कर गाँव के सभी लोगों के पास चर्चा करने के लिए छोड़ दिया। गाँव के जिन लोगों को परियोजना का उद्देश्य लाभान्वित करने वाला लगा वह परियोजना के साथ जुड़ा।
- इस तरह जुड़ने वाले कुल लोगों में से 52 प्रतिशत लोग भूमिहीन खेतिहर

मजदूर हैं, जो मेहनत मजदूरी कर अपना जीविकोपार्जन चलाते हैं।

- इस तरह परियोजना द्वारा लिया गया यह डाटा सरकारी बीपीएल डाटा से मिलता जुलता है।
- समूह निर्माण के पश्चात् जब उसके बचत और लेन-देन का मूल्यांकन डाटा बेस द्वारा किया गया तो यह देखा गया कि कुल सदस्यों द्वारा लिए गए लॉन में से 100 रु. से नीचे राशि का उपयोग 72 प्रतिशत लोगों द्वारा किया है। (इसमें यह देखने की बात है कि 100 रु. से कम लॉन कौन ले सकता है।)

इस प्रकार हरेक लॉन को ग्राफ में आगे दर्शाया गया है।

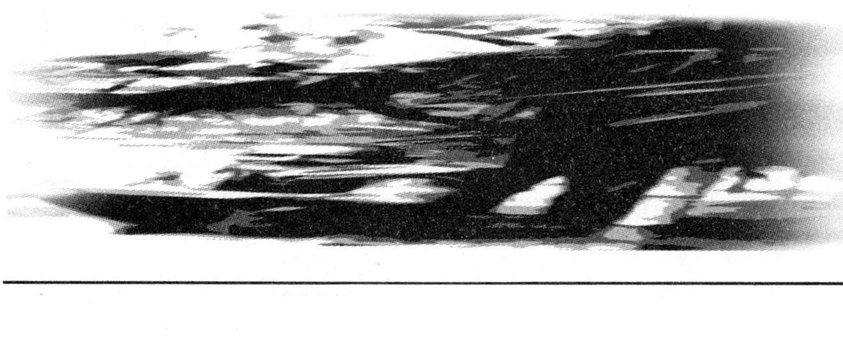

# स्वयं सहायता समूहों का बनाना एवं लोगों की सहभागिता

इस अध्याय का प्रायोजन, प्रशिक्षकों को सोचना और निर्णय लेना है कि उनके लिए सहभागिता का अर्थ क्या है?

आजकल सहभागिता एक ऐसा शब्द बन गया है जिसका इस्तेमाल सभी सरकारी-गैरसरकारी कार्यक्रमों में किया जाता है इसके बावजूद इन कार्यक्रमों में लोगों की कितनी भागीदारी है, इसे समझने की जरूरत है, कई विद्वानों ने इस पर अध्ययन किया है और अपने लेखों में इसका उल्लेख किया है, राबर्ट चेम्बर ने अपने पुस्तक 'पुटिंग द लास्ट फर्स्ट रूरल पॉवर्टी अनआबजर्व्डः द सीक्स बायसेज, में पृष्ठ 13 से 25 तक इसका वर्णन किया है।

अगर हमें सही मायने में सहभागिता लानी है तो हमें छोटी-सी बातों पर ध्यान देना होगा। इस पूरी किताब में कुछ भी नया नहीं है केवल इसको छोड़कर कि जिन चीजों को हम बिना मतलब का समझते हैं वही चीज हमें भागीदारी बढ़ाने में सहायक सिद्ध होती हैं। अब हम उदाहरण के लिए इन चीजों को समझने की कोशिश करते हैं। समूह का बनना, हमारे द्वारा किसी को भी समूह बनाने के लिए नहीं जोड़ दिया जाता है बल्कि समूह की माँग को बढ़ाया जाता है। हम उन तक अपनी सूचना को पहुँचाते हैं, हम शुरू करते हैं गाँव भ्रमण से। जैसे ही हम लोगों के पास जाते हैं वहाँ लोगों द्वारा किए जा रहे कार्य में शामिल होते हैं। उनके कार्य में शामिल होते ही हमसे पूछा जाता है कि

आप कौन हैं, और हम अपना परिचय देते हैं कि हम आपके द्वारा की जा रही खेती में एक और फसल जोड़ना चाहते हैं जिसका नाम ही स्वयं सहायता समूह है। फिर उसके बाद चर्चा बारंबार पूछे गए प्रश्नों पर आकर केंद्रित हो जाती है। इससे लोगों में हमारे स्वयंसेवकों के द्वारा एवं हमारे द्वारा दिए गए जवाबों का मूल्यांकन चालू हो जाता है और मूल्यांकन के क्रम में हमारा जवाब उन्हें उचित या अनुचित लगता है, जिन्हें हमारा जवाब उचित लगता है वे हमारे अगले भ्रमण का इंतजार करते हैं तथा आम लोगों के द्वारा समूह बनाने का निर्णय लिया जाता है।

अगर हम केवल समूह के द्वारा होने वाले फायदे का जिक्र कर समूह बनाएँ तो लोग फायदे लेने के लिए समूह में जुटेंगे और भागीदारी का वह स्वरूप नहीं होगा जो वह हमारे इंतजार करने में अथवा हमारे द्वारा पूछे गए प्रश्नों के उत्तर से समूह बनाने का निर्णय लेते हैं।

अगर किसी व्यक्ति ने यह सोचकर समूह बनाया हो कि वह अपने खेत में एक और फसल लगा रहा है तो आप भागीदारी के स्तर को खुद समझ सकते हैं।

**बैठक तय करना**—जब समूह बन जाता है तो सदस्य पूछते हैं कि बैठक कैसे की जाए। अक्सर हम यहाँ अपनी सुविधा के अनुसार लोगों को बैठक करने को कहते हैं। सी. पी. एस. एल. के सदस्य उनसे पूछते हैं कि चूँकि हमने आप से कहा हे कि आप एक फसल अपने खेत में लगा रहे हैं और बैठक उस फसल के लिए जुताई के समान है क्या जुताई करने के लिए आपको हमसे पूछना पड़ता है? फिर फैसला आप कीजिए।

बैठक ग्रामीणों के लिए कोई नई बात नहीं है। वे अक्सर शाम को काम-धंधे के बाद एक-दूसरे के यहाँ बैठते हैं। खासकर जाड़े के दिनों में आग के नजदीक पाँच-सात आदमियों का बैठना आम बात है। हम उन्हें इस तरह की बैठक का जिक्र करते हैं और उन्हें कहते हैं कि इन सब के लिए अगर यह कार्य आपका है तो फिर निर्णय भी आपको ही करना पड़ता है तो आप खुद ही इसके निर्णय लेते हैं। जब इस तरह से हम बात करते हैं तो देखा गया कि उनकी बैठक शाम में ही होने लगती है। एक बार फिर उन्हें भागीदारी की प्रक्रिया को अपनाने के लिए उत्साहित किया गया। आप इस तरह की भागीदारी और दूसरे कार्यक्रमों में लाभ लेने के लिए भागीदारी की तुलना आसानी से कर सकते हैं।

**बचत का फैसला**—ऐसा कोई शायद ही परियोजना या कार्यक्रम हागो जिसमें सदस्यों द्वारा बचत आधे रुपये से शुरू होती हो और कुल समूह का पचहत्तर से ज्यादा प्रतिशत समूह तीन रुपये प्रति सप्ताह से कम बचत करता हो। अक्सर परियोजनाओं कार्यक्रमों में बचत की राशि परियोजना कार्यक्रमों को बनाते समय ही निर्धारित कर दी जाती है। अगर नहीं भी की जाती है तो स्थानीय कार्यकर्ता एक ऐसी संख्या निर्धारित कर देते हैं जो उनकी नजर में बहुत कम है।

सी. पी. एस. एल. पूछता है कि आप अपने खेत में कितना बीज डालते हैं अगर बीज उससे दुगुना डाल दिया जाए तो क्या होगा? विस्तृत रूप से चर्चा बचत वाले अध्याय में की जाएगी। फिर लोग फैसला करना चालू कर देते हैं। अब देखा ये जाता है कि एक सदस्य ने जिस संख्या से शुरू किया उसी संख्या को सब दोहराते हैं, ये सहभागिता नहीं है। सी. पी. एस. एल. फिर सवाल करता है कि सभी तरह की फसल में एक ही बीज दर कैसे सम्भव है? क्यों नहीं हम एक कागज के टुकड़े पर अपने-अपने मन से कोई संख्या लिखें और उनसे देखें कि कौन क्या चाहते हैं? सदस्यों से कहा जाता है कि एक लकीर ऊपर से नीचे तक लिखने का मतलब एक रुपये और आधे टुकड़े पर खींचे गए लकीर का मतलब आधे रुपये इससे जिन्हें लिखना-पढ़ना नहीं आता है, वे भी अपनी बात को रख सकते हैं। फिर पूछा जाता है कि इस तरह से आई संख्या में भिन्नता है अतः किस संख्या को आप मानेंगे, ये फैसला स्वयं आपको ही करना है। फिर ऐसा देखा गया है कि लोग सबसे कम संख्या को मानते हैं। इस बीच बहुत तरह की चर्चा होती है।

अगर हम सीधे जाकर यह बताएँ कि आप दस-दस रुपये प्रति सप्ताह बचत करें और कुछ दिनों के बाद आपको बैंक से जोड़ दिया जाएगा, तो ऐसी स्थिति में भागीदारी और इस निर्णय के द्वारा आए भागीदारी की तुलना आप खुद कर सकते हैं।

फिर बचत को किसी एक आदमी के पास जमा कर देने से भागीदारी कहाँ आती है। एक आदमी इस पैसे को ले जाकर ऐसे बैंक में रख दे और बैंक से ऋण लेने के लिए कह रहा हो, तो क्या ये भागीदारी है?

अगर इन पैसों से रात में बीमार पड़े लोगों का इलाज होता है। एक परेशानी में पड़ी गर्भवती महिला का ऑपरेशन होता है तो इससे भागीदारी का स्तर और सीधे बैंक में पड़े पैसों से हुई भागीदारी के स्तर को परखा जा सकता है।

फिर समूह के नाम रखने की बात आती है। सी.पी.एस.एल ने अपने

कार्यक्रमों में दो तरह का अनुभव पाया। एक तो ऐसे नाम रखे गए थे जिसमें बड़े ही आदर्श होने की भावना होती है। उदाहरण के लिए अभिलाषा, आदर्श, इत्यादि इस तरह के नाम वाले समूह ज्यादा नहीं बचे। इसके विपरीत जो नाम ग्रामीण परिवेश वाले थे, जैसे पूजा, मजदूर, गुलाब, कमल, ऐसे समूहों के बचने का अनुपात ज्यादा है। इसका विश्लेषण करने पर पता चला कि जब समूह का नाम रखा जा रहा था तो कुछ सदस्यों ने सहयोगियों से पूछा कि क्या नाम रखा जाए। और सहयोगियों ने नाम बता दिया। इसके विपरीत कुछ सहयोगियों ने उनसे कहा कि अगर आपके घर में बच्चे का नाम रखना हो तो आप क्या किसी से पूछते हैं या फिर स्वयं कुछ न कुछ नाम रखते हैं। फिर सदस्य खुद नाम रखने की बात सोचने लगे। और इस तरह से नाम बिल्कुल ग्रामीण परिवेश वाला था। इस तरह के समूह अक्सर ये किताब लिखने तक चल रहे थे। फिर एक बार ये प्रक्रिया हम भागीदारी के स्तर पर देखते हैं। इन छोटी-छोटी बातों पर इस किताब में पूरा ध्यान दिया गया है और इसके प्रत्येक अध्याय में इस तरह की चीजों का उल्लेख करने की कोशिश की है। संस्था ने अपने स्वयंसेवक को प्रशिक्षण के दौरान पूरी बातें समझाने की कोशिश की है, परंतु कुछ स्वयंसेवकों ने इसका मतलब कुछ समझा परंतु कुछ ने इसे पूरी तरह से नहीं अपनाया। अक्सर पूरी तरह से अपनाने वाले स्वयंसेवकों ने बहुत कुछ सीखा और किताब को अच्छी बनाने में मदद की। दूसरी तरफ जल्दी में काम करने वाले स्वयंसेवकों ने अपने जीविकोपार्जन के साधन में भी कोई उन्नति नहीं की, क्योंकि उनके ज्यादा समूह बचे ही नहीं थे।

अतः पाठकों से निवेदन है कि इस पुस्तक में दिए गए तरीकों से वे खुद सिखाने और इसमें बढ़ोतरी करने की कोशिश करें न कि इसे जल्दी से जल्दी करें। तरीके से कोशिश करने से एक बैठक में केवल कुछ ही बातों पर फैसला हो पाता है। आप जल्दी में जाने की खातिर तरीके के पालन में समझौता नहीं करें, क्योंकि इससे सहभागिता के स्तर में गिरावट आती है, और बिना सहभागिता के कोई भी कार्यक्रम सफल नहीं हो पाता है। इस किताब के प्रत्येक अध्याय में इन चीजों के बारे में ही बारीकी से लिखने की कोशिश की गई है। अगर हम इसी तरह से अभ्यास में लाएँ तो शायद किताब में और भी कुछ जोड़ा जा सकता है।

## बैठक कैसे हो?

जब भी हम स्वयं सहायता समूह की बात करते हैं तो हमारे लिए समूह के सदस्यों की नियमित रूप से बैठक करवाने की विकट समस्या होती है। लोग अक्सर बैठक के महत्त्व को नहीं समझते हैं। ऐसा क्यों होता है? संस्था के अनुभव के हिसाब से लोग जो कार्य करते हैं उसका फल देखना चाहते हैं। ये फल उनके जीविकोपार्जन में अगर असर डालते हैं तो उस पर लोग कार्य करते हैं और अगर वर्तमान जीवन में असर नहीं डालते हैं तो उस पर लोग ध्यान नहीं देते हैं। अगर हम बैठक को सुचारु रूप से चलाते हैं तो बैठक को उनके वर्तमान जीविकोपार्जन से जोड़ना पड़ेगा।

उपर्युक्त उद्देश्यों से फिर संस्था के सदस्य चित्र 1 का व्यवहार करते हैं।

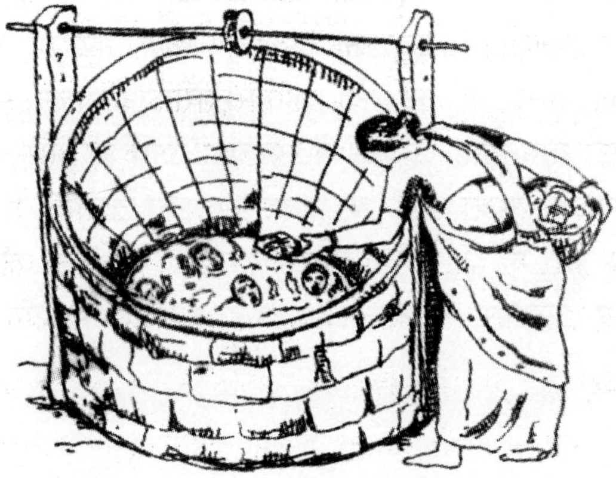

चित्र 1

प्रक्रिया वही पुरानी होती है, पहले हम सभी सहभागी को चित्र दिखाते हैं फिर उनसे पूछते हैं कि चित्र में आप क्या देख रहे हैं? जब सभी भागीदारों के बीच ये साफ हो जाता है कि कुछ लोग कुआँ में गिरे हैं, और एक महिला उन्हें खाने के पैकेट दे रही है। फिर हम एक दूसरा चित्र दिखाते हैं।

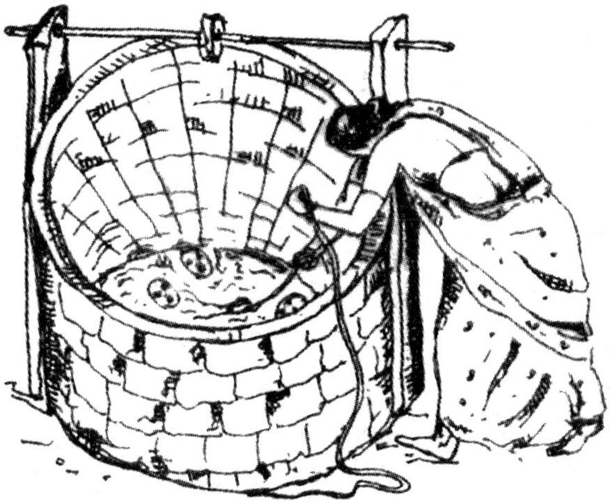

चित्र 2

उपर्युक्त प्रक्रिया के द्वारा फिर साफ कर लिया जाता है कि कुआँ में गिरे हुए लोगों को रस्सी देकर बचाने का प्रयास किया जा रहा है। भागीदारों से पूछा जा रहा है कि कौन-सा चित्र ठीक है। जब भागीदार तुरंत बता देते हैं कि रस्सी डालना ठीक है।

अगर कोई भागीदार यह बताता है कि खाना वाला अच्छा है, तो उनसे सवाल किया जाता है कि आखिर खाना देकर पानी में कब तक जिंदा रहा जा सकता है। सभी भागीदारों के बीच ये साफ हो जाने पर कि रस्सीवाला चित्र अच्छा है, हम आगे बढ़ते हैं। भागीदारों से पूछते हैं कि घर और गाँव की समस्या को हम किस तरह से देख सकते हैं। अगर नहीं तो क्या तरीका होगा जिससे हम अपने परिवार और गाँव की समस्या को आसानी से देख सकते हैं।

कुछ उदाहरण लेते हैं, जैसे कि मान लिया कि किसी को एक बैल खरीदना है। उसी गाँव में कुछ ऐसे भी व्यक्ति हैं जो अपना बैल बेचना चाहते हैं, अगर हम एक दूसरे से नहीं मिलते हैं तो इस बैल को खरीदने के लिए हमें परेशानी

होगी लेकिन एक जगह से ये परेशानी दूर हो जाती है। फिर अगर बैल की पहचान करनी हो तो बहुत सारे गाँव में ऐसे लोग होते हैं जिन्हें जानकारी होती है कि किस बैल को क्या परेशानी है या कौन-सा बिल्कुल तंदुरुस्त है। इन लोगों से जानकारी लेकर हम अपनी परेशानी को दूर कर सकते हैं। इस तरह अगर किसी को अपनी लड़की की शादी करनी है तो उन्हें पता नहीं है कि क्या किया जाए, लेकिन गाँव में बहुत सारे लोग ऐसे होते हैं जिन्हें लड़कों के बारे में विशेष जानकारी होती है। और वे इस बात की जानकारी देते हैं कि उपर्युक्त लड़का उनके लिए सही है और उसका लगाव उनसे होता है। फिर उस व्यक्ति के लगने से शादी आसानी से हो जाती है।

इस तरह सूचना के आदान-प्रदान से हमारा काम आसान हो जाता है। इसी तरह कल्पना कीजिए कि एक समूह बनता है और ये समूह एक-एक रुपया बचा कर कुछ निधि का विकास करता है। जिसका उद्देश्य होता है कि समय पर ये पैसे लोगों की जरूरत को पूरा कर देंगे। चूँकि समूह का पैसा तीन लोगों के पास होता है। देखें बचत का उपयोग कैसे करना चाहिए इस अध्याय में।

अब अगर कुछ सदस्यों को इसकी जानकारी नहीं हो कि ये पैसे किनके पास हैं, और रात में कोई सदस्य बीमार पड़ जाए एवं उन्हें इलाज के लिए पैसे की सख्त जरूरत होती है। आपको पैसे की व्यवस्था करने में ही दो-चार घंटे लग सकते हैं।

फिर हम पूछते हैं क्या इस तरह के समूह बनाने से कुछ फायदा होगा?

अगर हम ठीक से सप्ताह में एक दिन बैठते हैं और इसे बैठक का नाम देते हैं तो क्या हम इन सब परेशानियों से छुटकारा पा सकते हैं?

क्या बैठक करना कुएँ में रस्सी डालने वाले चित्र से नहीं मिलता-जुलता है?

क्या हम इससे और लोगों के बीच जानकारी पहुँचा सकते हैं?

क्या ये बाहरी व्यक्ति से मिलाने का एक रास्ता नहीं हो सकता है?

क्या हमारे लिए नई-नई सोच लाने के तरीके नहीं होंगे?

इन सवालों का जवाब हम भागीदारों से जानने का प्रयास करते हैं। सवाल का उत्तर दे देने से पूरे प्रशिक्षण कार्यक्रम ही व्यर्थ हो जाते हैं।

फिर हम चर्चा करते हैं कि क्या बैठक करना कोई नई बात है। जब हम जाड़े के दिनों में आग के नजदीक बैठते हैं, तो ये भी एक बैठक होती है। आग के नजदीक बैठने पर इन बातों पर चर्चा होती है। अगर धीरे-धीरे इन बातों पर चर्चा की जाए तो हम पाते हैं कि आग के नजदीक किसी की लड़की

की शादी हेतु विभिन्न जगहों पर उपर्युक्त लड़कों के बारे में चर्चा होती है। इन शादियों के विषय में चर्चा होती है। ये तय होता है कि कोई ऐसा व्यक्ति भी गाँव में है जो इस शादी को तय करा सकता है। इसमें शादी के बजट के बारे में भी चर्चा होती है कि लोग अनौपचारिक रूप से सभी विषयों पर बैठक करते हैं।

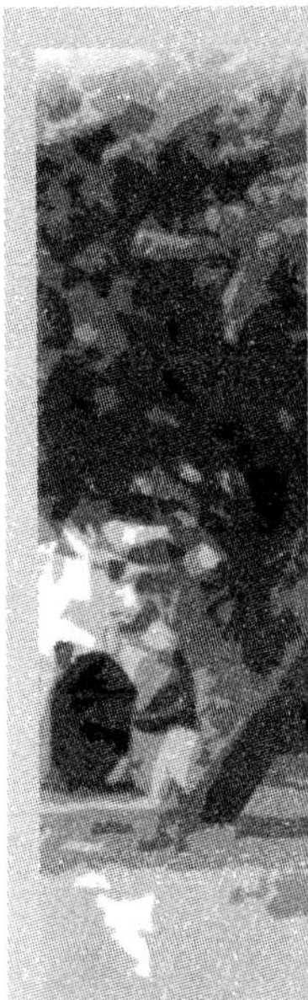

इस तरह की चर्चा से निकलकर आता है कि कोई व्यक्ति अगर अपना कुछ बेचना चाहता है और उसी गाँव में दूसरा उसे खरीदना चाहता है तो दोनों किसी न किसी प्रकार बैठक में ये सब भी करते हैं। इतनी चर्चा के बाद संस्था कहती है कि अगर आप बिल्कुल इसी तरह की बैठक कराएँ तो ज्यादा फायदा हो सकता है। बल्कि समूह की बैठक को एक ऐसा तरीका बना दिया जाए जो बाहर से थोपा हुआ लगे।

बीच-बीच में हमें ये चर्चा लगातार करनी पड़ती है लेकिन चर्चा का रूप दूसरा होता है। हम पूछते हैं कि आपने पिछली बैठक में क्या चर्चा की। हम यह जानने की कोशिश करते हैं कि किस तरह से उनकी वास्तविक समस्या पर चर्चा हुई अथवा नहीं।

कुछ दिनों के बाद जब लोग बताते हैं कि उनको खाद के लिए पैसे चाहिए थे और उन्होंने समूह से लिए हैं। फिर हम ऋण लेने की प्रक्रिया पर चर्चा करते हैं। क्या ये सभी ऋण बैठक में लिए गए? ऐसा देखने में आता है कि कुछ ऋण बिना बैठक के भी लिए गए, फिर हम पूछते हैं कि उन्हें कैसे मालूम हुआ कि पैसा किसके पास है। सदस्य बताते हैं कि पिछली बैठक में उन लोगों ने निर्णय लिया था कि बचत पेटी किसी खास आदमी के पास थी और मैंने दो-तीन सदस्यों को लेकर बचत पेटी वाले रो ऋण ले लिया। अगर बैठक नहीं होती तो क्या होता? इसका हम चार्ट तैयार कर सकते हैं, जिसमें निकलकर आता है कि समय पर उनका काम नहीं चल पाता अगर बैठक सही ढंग से नहीं होती।

उनको बीमारी के इलाज के लिए पैसे चाहिए और रात में पैसे मिल गए। किसी एक समूह में उतने पैसे नहीं थे जितने की जरूरत थी और सभी समूहों के सदस्यों ने मिलकर किसी एक व्यक्ति की जरूरत में ऋण दिया। हम पूछते हैं कि बाकी सदस्यों को इस बात की जानकारी कैसे मिली, जिससे सदस्यों ने फैसला किया कि उन्हें भी उस सदस्य की मदद करनी चाहिए।

यहाँ भी उपर्युक्त चर्चा दोहराई जाती है। इस तरह आप समूह उम्र के

हिसाब से बैठक के मतलब के लिए उपयोगी प्रश्न का चुनाव खुद कर सकते हैं। लेकिन केवल एक बार एक प्रशिक्षण देकर आप निश्‍चित नहीं हो सकते हैं कि आपकी बैठक ठीक ढंग से चलेगी ही। अतः आप समय-समय पर सभी बिन्दुओं पर चर्चा करते रहे। इस तरह न आप अपने समूह को सशक्त बना सकते हैं परंतु आप इस पुस्तक में भी लगातार और भी प्रक्रियाओं को जोड़ सकते हैं। अगर आपने इसमें कोई विषय अथवा प्रक्रिया को जोड़ा है तो हमें इसकी जानकारी अवश्य दें ताकि हम भी इसमें आवश्यक सुधार कर पाएँ।

आप अलग से भी लिखना चाहें तो भी हमें अपनी पुस्तक अवश्य भेजें। बैठक में सदस्यों को बताने की आदत डालना बहुत ही जरूरी है। हरदम दो बातों पर ध्यान देना चाहिए—एक बैठक में नीचे दिए गए चित्र में दिखाए गए तरीके से गोलाई में बैठें और प्रत्येक बैठक में एक-दूसरे से परिचय करें। परिचय करने के लिए अलग तरीके का वर्णन इस पुस्तक के अंत में अनुच्छेद के रूप में दिया जा रहा है।

इस चित्र को दिखाते हुए चर्चा करना जरूरी है कि ऐसी बैठक से हमें क्या फायदा है? दूसरी तरह से बैठने और इस प्रकार से बैठने में क्या फर्क

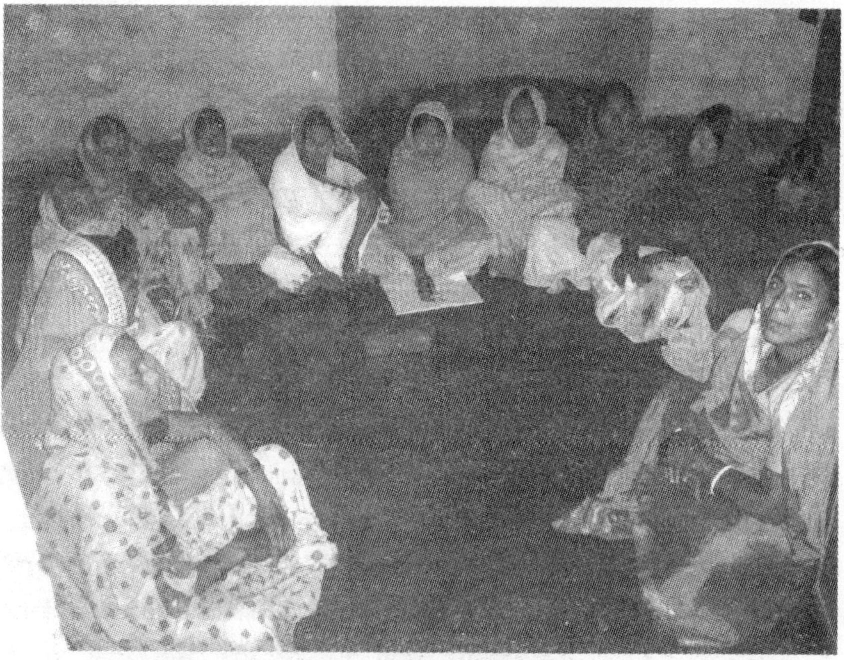

**चित्र 3**

है? आपको किस प्रकार बैठने से अच्छा लगा। एक बार अगर हम कोई निर्णय ले लेते हैं तो उसे पालन करना आवश्यक है यह ठीक उसी तरह से जैसे कि किसी खेत में आज पानी की जरूरत है और आप दो-तीन दिनों के बाद उसमें पानी देने की सोच रहे हैं। किसी खेत में घास उग आया है और आप उसमें निकोनी के लिए एक माह बाद सोच रहे हैं। आप जो भी नियम बैठक में बनाते हैं आपको ठीक उसी दिन से इस पर पालन करना पड़ेगा।

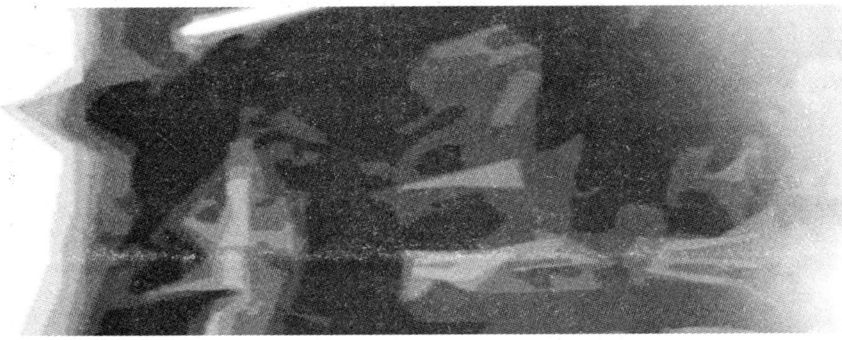

# बचत कितनी हो?

अक्सर हम बचत के संबंध में गलत निर्णय लेते हैं और हमारा समूह सशक्त नहीं हो पाता है। मैंने जितने भी समूह देखे हैं उनमें देखा है कि ऐसे अस्सी प्रतिशत से ज्यादा समूह दस रुपये प्रति माह प्रति सदस्य से ज्यादा की बचत करते हैं। जब मैंने संस्था से इस विषय पर बात की कि कुछ समूह रुपये दो प्रति माह प्रति सदस्य बचत करते हैं तो उन्होंने कहा कि उस क्षेत्र में गरीबी ज्यादा है। इसलिए हम काम करते हैं। जब मैंने जानना चाहा कि इस निर्णय का आधार क्या है तो उत्तर का आधार केवल उनका अनुभव था। संस्था के आँकड़े बताते हैं कि ऐसे समूह ज्यादा बचे जिन्होंने रुपये तीन प्रति सप्ताह प्रति सदस्य अथवा उससे कम की बचत से शुरुआत की है। जब कि रुपये तीन से अधिक बचत करने वाले सदस्यों की संख्या कम थी।

आगे एक ग्राफ दिया जा रहा है जो बचत के हिसाब से समूह के विभिन्न रूप से चलते रहने से संबंधित है।

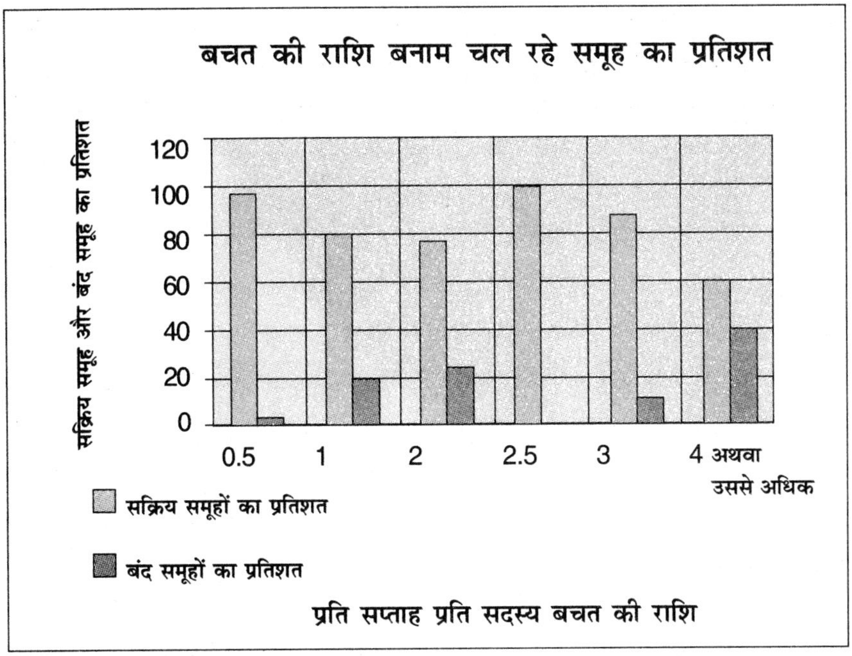


**Data source : Cirrus SHG data base**

**ग्राफ 1**

आप इस ग्राफ में देख रहे हैं कि रुपये तीन से ज्यादा बचत करने वाले समूह में से चालीस प्रतिशत समूह नहीं चला सके, जबकि तीन से कम बचत करने वाले में टिकने वाले समूह की संख्या पचहत्तर प्रतिशत से अधिक है।

उपर्युक्त आँकड़े केवल एक जगह के नहीं हैं। इन आँकड़ों में पूर्वी उत्तर प्रदेश एवं बिहार के चार से ज्यादा प्रखंडों के लगभग 528 समूह के आँकड़े को सम्मिलित किया गया है।

इससे पहले लेखक ने मध्य प्रदेश की कुछ जगहों पर समूह निर्माण का काम किया है वहाँ के आँकड़े भी कुछ इसी तरह हैं। अगर समूह निर्माण की प्रक्रिया को भागीदार बनाना है तो हमें ये जानने की कोशिश करनी होगी कि कितनी बचत हमारे समूह में शामिल होने वाले व्यक्तियों की क्षमता के अनुरूप है। जब हम गरीबों की बात करते हैं तो यह जानना जरूरी है कि उन्हें किसी उपहार की जरूरत नहीं है। बल्कि ये उपहार गरीबों को उनके लिए नियमित योजनाओं को उनसे दूर कर देते हैं। अगर वर्तमान को उनका अनुभव बनाया जाए तो उसमें वे अधिक शामिल होते हैं और उसका लाभ उन्हें मिलता है।

समस्या यह है कि कैसे जाना जाए कि उनकी क्षमता क्या है? यहाँ मैं

संस्था के अनुभव को रख रहा हूँ जो शायद आपके काम आए। संस्था पहली चार बैठक तक बचत करने की सलाह समूह के सदस्यों को नहीं देती है। पहली चार बैठक तक हम उन्हें पिछले अध्याय तक सीमित रखते हैं। आपको पूर्व के अध्ययन से पता होगा कि हम स्वयंसेवक और सदस्य से कहते हैं कि पहले हम चार बैठक में बैठ लें, इसके बाद निर्णय लें कि हम समूह बनाना चाहते हैं।

पाँचवीं बैठक में हम उनसे पूछते हैं कि उनका इरादा क्या है? क्या वे लोग बैठना चाहते हैं? अगर पिछली सारी चर्चा हुई हो तो समूह अथवा स्वयंसेवक बहुत ही उत्साहित होते हैं और तुरंत ही समूह बनाने की बातें करते हैं। तब हम उनसे पूछते हैं कि क्या आप एक ही फसल अपने खेत में लगाना चाहते हैं? फसल लगाने के लिए पहले क्या करना पड़ता है। उत्तर में निकलता है कि जोताई करनी पड़ती है। जोताई हमारी बैठक है, हमने जोताई शुरू कर दी है। अब हमें क्या करना चाहिए।

स्वाभाविक रूप से लोग/स्वयंसेवक बोलते हैं कि अब हमें बीज बोना चाहिए।

- बीज हमारी बचत है। क्या हम बचत शुरू कर सकते हैं? अगर हाँ तो कितनी और अगर न तो आज के बाद आप बैठक बंद करने को स्वतंत्र हैं। इस समय तक लोग बहुत ज्यादा उत्साहित होते हैं और ज्यादा से ज्यादा बचत करना चाहते हैं। उत्साह का यह निर्णय पाँच रुपये प्रति सप्ताह से कम नहीं होता है। हमारा अगला सवाल होता है कि
- आप अपने खेत में कितना बीज डालते हैं और क्यों?
- क्या होगा अगर हम एक किलो की जगह एक क्विंटल बीज डाल दें?
- ज्यादा मात्रा में बीज डाल देना जरूरी है अथवा इसकी देखरेख करना?
- हम कैसे समझें कि किस खेत में कितना बीज लगेगा?

एक-एक सवाल करने के बाद हम लोगों से उत्तर को सुनते हैं, फिर चर्चा को आगे बढ़ाते हैं।

फिर उनसे पूछा जाता है कि ये केवल एक दिन का सवाल नहीं है। आप कैसे समझते हैं कि आपके सारे सदस्य इतनी बचत करने की क्षमता रखते हैं।

तब कुछ सदस्य बोलना शुरू करते हैं कि हमारी क्षमता इतनी बचत करने की नहीं है। इसके बाद बोला जाता है कि क्यों न हम एक-एक सदस्य से पूछें कि वे कितनी बचत करना चाहते हैं। एक-एक सदस्य से पूछने पर अगर

रकम सब सदस्य अलग-अलग बोलते हैं तो इसका मतलब लोगों की भागीदारी को हमने प्रोत्साहित किया। फिर हम पूछते हैं कि सबसे कम बचत कितने रुपये बतायी गयी है और सबसे अधिक बचत कितने रुपये बतायी गयी है। क्या होगा सबसे अधिक रकम को ही अपनी बचत तय करते हैं? क्या होगा अगर हम सबसे कम संख्या वाली रकम को अपनी बचत निर्धारित करते हैं?

चर्चा से निकलकर आता है कि सबसे कम तय करना हमारे लिए अधिक फायदेमंद है क्योंकि ये हमें सभी लोगों को साथ लेकर चलाने में हमारी मदद करेगी।

कभी-कभी सी. पी. एस. एल. संस्था के सदस्यों ने अनुभव किया है कि अगर किसी एक सदस्य ने एक राशि बोल दी तो बाकी के सदस्य भी उसी राशि को दोहरा देते हैं। अगर हम ऐसी हालत में राशि तय करवाने को प्रोत्साहित करते हैं तो ये भागीदारी नहीं है फिर हम पूछते हैं कि सभी खेत और सभी फसल में एक ही बीज दर कैसे हो सकती है, आप शायद वही कर रहे हैं। क्यों न हम सभी भागीदारों को कागज का एक टुकड़ा दें और उस पर रुपये के लिए एक लकीर पूरे कागज के टुकड़े के ऊपर से नीचे तक खींच दें। आधे रुपये के लिए आधा लकीर कागज पर खींचें। इस तरह से किए गए अभ्यास से शायद राशि में भिन्नता होती है। फिर हम उपर्युक्त चर्चा कर पाते हैं।

जब तक राशि में भिन्नता नहीं आती है, हम ये नहीं कह सकते हैं कि लोगों ने खुद सोचकर लिखा है। फिर जब यह राशि रुपये तीन तथा उससे अधिक हो तो कतई भी ये नहीं माना जा सकता है कि लोगों ने ठीक से सोच कर लिखा है। इस हालत में हमें पूछना चाहिए कि आपने इस फैसले (स्वयं सहायता समूह) को अभी तक देखा ही नहीं है। जब भी कोई नया बीज आता है तो हम क्या करते हैं। क्या हम सारे खेत में नया बीज बो देते हैं, ठीक इसी तरह क्यों नहीं इसमें भी हम थोड़ा-सा बीज बो कर देखें जिससे फसल नहीं भी उगे तो हमारा कुछ ज्यादा नुकसान नहीं हो। क्यों नहीं हम बचत को एक दान समझ कर समूह में देते रहें जिससे कोई आशा नहीं करें। फिर कुछ दिन इस समूह में रखकर देखें कि इस चर्चा पर लगभग एक से दो बैठक लगती हैं। एक बार जब तय हो जाए तो हम पूछते हैं कि हम कब से बचत करना चालू कर सकते हैं। कुछ लोगों का कहना होता है कि आज से ही लेकिन कुछ बोलते हैं कि हम अगले सप्ताह से बचत शुरू करेंगे। इस तरह हम निष्कर्ष पर पहुँचते हैं कि हम बचत अगले सप्ताह से करेंगे।

अगले सप्ताह की बैठक में परियोजना अथवा संस्था की तरफ से एक बचत पेटी जो बहुत छोटी हो और उसमें दो ताले का प्रबंध हो, देना चाहिए। फिर हम उनसे कहते हैं कि क्या अपने पिछले निर्णय के मुताबिक बचत करना चाहते हैं। अक्सर सदस्य बचत करते हैं। सभी बचत को एक रजिस्टर में लिखते हुए सभी सदस्यों के बीच में रखा जाता है। सब सदस्यों के बचत कर लेने एवं इसके हिसाब मिल जाने के बाद लोगों से बोला जाता है कि ये नकदी बक्सा हम लोगों की तरफ से एक बचत है। और ये आपके समूह के लिए है। आप अपनी बचत को इस बक्से में रखें। उन्हें यह भी समझाया जाता है कि ये बक्सा दो चाभियों की मदद से खुलता है। फिर उनसे कहा जाता है कि आप बचत को इस बक्से में रखें। जब वे अपनी बचत उस बक्सा में डाल देते हैं तो उन्हें बोला जाता है कि आप अपने सदस्यों में से तीन सदस्यों को चुनें। यहाँ अगर वे कहते हैं कि आप ही चुन लीजिए तो फिर पिछले अध्याय के कुछ तर्कों को लेते हुए उन्हें नियम लेने के लिए प्रोत्साहित किया जाता है। जब वे तीन लोगों का चुनाव कर लेते हैं तो एक के पास बक्सा और दो लोगों को उसकी एक-एक चाभी रखने को कहा जाता है।

अगली बैठक में ये तीनों लोग सर्वप्रथम बक्सा को खोलते हैं एवं पैसे को गिनकर सदस्यों को दिखाते हैं। फिर उसमें से उस दिन की बचत डाली जाती है। फिर से पूरी राशियों को गिना जाता है। फिर तीन अलग सदस्यों (उनको छोड़कर जिन्होंने बक्सा पहले रखा था) को चुना जाता है और उनके पास बक्सा और चाभियों को रखा जाता है। इस तरह यह प्रक्रिया सतत रूप से चलती है। इस प्रक्रिया से शायद उन्हें हम एहसास दिलाते हैं कि समूह का मालिक इसके सदस्य हैं न कि समूह या कोई और, अथवा इसको संचालित करने वाली संस्था। इस तरह की प्रक्रिया से भागीदारी की प्रक्रिया को बढ़ावा मिलता है। हम किसी और प्रशिक्षण कराने से इतने परिणाम की आशा शायद ही कर सकते हैं, जितना कि इस तरह से बिल्कुल व्यावहारिक तरीके से प्रशिक्षण करके किया जा सकता है।

जब ये नकदी बक्सा सभी सदस्यों के पास जाता है तो उन्हें एहसास होता है कि इसके मालिक सभी हैं। इस प्रक्रिया का दूसरा पहलू भी है। अगर हम बचत के पैसे को किसी एक सदस्य के पास रखते हैं तो स्वाभाविक बात है कि जो पैसे हम रखते हैं वही पैसा उनके पास नहीं होता है। जैसे कि किसी सदस्य ने एक-एक रुपये का सिक्का जमा किया हो और दूसरे दिन उसे देने के लिए एक दस का नोट मिलता है। हालाँकि आर्थिक रूप से इसमें कोई

हानि नहीं है लेकिन लोगों के मन में वह सोच नहीं बनता है जो हम इस बक्से की प्रक्रिया से बनाना चाहते हैं। लोगों में विश्वास के विपरीत एक भय का माहौल बन जाता है जो नियमित रूप से बचत करने में संशय की स्थिति को उत्पन्न कर देते हैं।

इसके विपरीत जब सदस्य अपनी बचत किए गए पैसों को बार-बार न केवल देखते हैं बल्कि एक सप्ताह के लिए मालिक भी बनते हैं तो उनके दिल में विश्वास की भावना बनती है और ये नियमित बचत में विश्वास विशेष योगदान करता है। एक बार जब मालिकाना हक का एहसास हो जाता है तो कोई मालिक अपना कार्य असफल होने देना नहीं चाहता है।

इस तरह हमने अब बचत करने और इसको सुरक्षित रखने की एक भागीदारी प्रक्रिया का निर्माण कर लिया है। अब हमें आगे बढ़ने की जरूरत है।

## एम. आई. एस. का उपयोग

एम. आई. एस. द्वारा यह पता करते हैं कि समूह की क्या-क्या गतिविधियाँ हैं और उसका क्या परिणाम आ रहा है।

उदाहरण के तौर पर हमने पाया कि परियोजना के प्रथम चरण में जिन समूहों के सदस्यों ने 5.00 रु. प्रति सप्ताह प्रति सदस्य बचत जमा की उनमें से अधिकांश समूह टूट गए। इस घटना से हमने यही सीख लिया कि बचत क्षमता के अनुरूप ही होनी चाहिए। इस तरह का निर्णय लेने में सभी की आपसी सहमति होनी चाहिए। परियोजना के विस्तार में इस बात का ध्यान रखा गया।

## आँकड़ा प्रबंधन

आप आगे के दोनों ग्राफ देखते हुए अंदाज लगाने की कोशिश करें कि इसे तैयार करने में कितने समय और कितने लोग लगे होंगे।

ग्राफ 2 में ये दिखाया गया है कि लगभग 4,500 सदस्यों ने प्रत्येक वर्ष एवं कुल कितने रुपये की बचत की है। इस बचत से उन्होंने कितने रुपयों का ऋण लिया है तथा इनमें से कितने रुपये उन्होंने वापस कर दिए हैं। इन सभी की व्याख्या भी विभिन्न तरह से की गई है। प्रत्येक वर्ष एक रूप में एवं सभी का एक साथ अगर इसमें महीने के हिसाब से भी आदान-प्रदान को जोड़ दिया जाए तो भी क्या इस तरह का ग्राफ तैयार किया जा सकता है? ये आँकड़े समूह को एक ऐसे रूप में परिभाषित कर देते हैं जिसे कभी

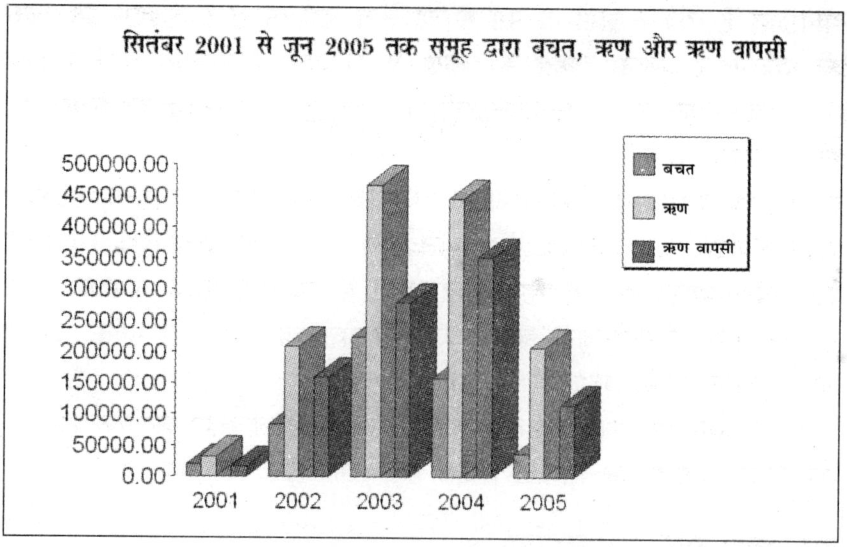


**ग्राफ 2**

भी और कहीं भी ले जाया जा सकता है। बहुत ही कम लोग होते हैं जो गाँव में जाकर समूह को देखना चाहते हैं। ऐसे लोगों के बीच इस तरह के ग्राफ ही बड़े प्रभावी होते हैं। इसके पहले मैंने कभी भी इस तरह का विवरण किसी भी संस्था में नहीं देखा है। इस तरह के हिसाब-किताब कैसे सम्भव हैं? आएँ अब एक और ग्राफ देखें।

हमारा ग्राफ 3, ग्राफ 2 से भी कठिन है। क्योंकि इसमें समूह के सदस्यों के द्वारा 7,000 बार ऋण लिया गया है। इस प्रकार का कार्य समूह के सदस्यों ने किया है उसे दर्शाते हैं।

उदाहरण के तौर पर खाद, बीज, पटवन एवं भूमिहीन सदस्यों के द्वारा जमीन को एक साल के लिए लीज पर लेकर उसमें खेती करने के लिए कुल ऋण तीन वर्षों में लगभग 275627 रु. लिया गया। इसमें केवल पचीस हजार प्रथम वर्ष में लिया गया था। जबकि दूसरे वर्ष में यह राशि बढ़कर एक लाख रुपये हो गई। इस तरह से कुल चौदह कार्यों को करने के लिए ऋण लिए गए एवं प्रत्येक कार्य का वार्षिक विवरण यहाँ दिखाया गया है। अगर इसे महीना के हिसाब से भी चाहें तो दिखाया जा सकता है। क्या आप अनुमान लगा सकते हैं कि आँकड़े को निकालने में कितने लोगों की आवश्यकता पड़ी होगी। ये आँकड़े कितने दिनों में उपलब्ध हो पाए होंगे? तथा इन आँकड़ों को बनाने में कितना खर्च लगा होगा। क्या समूह का बैलेंस सीट एवं पासबुक बन सकता

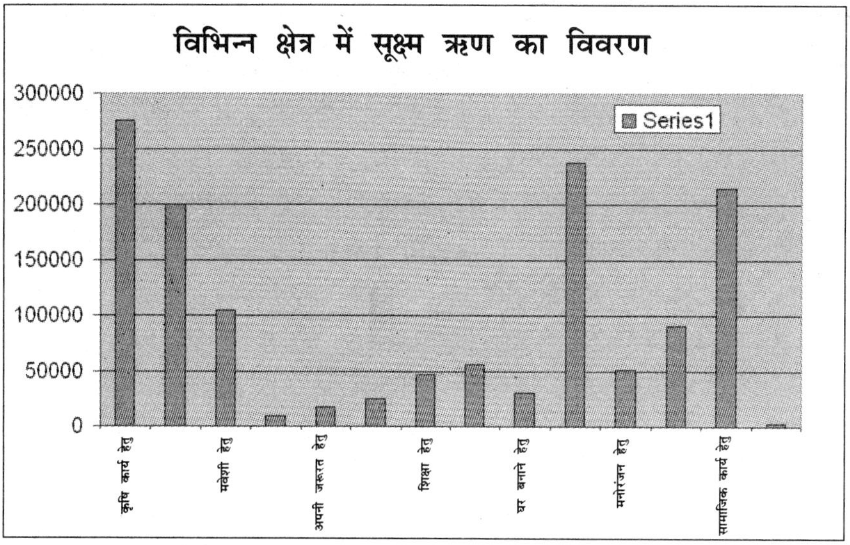


**ग्राफ 3**

है? क्या हम विभिन्न संस्थाओं द्वारा माँगे गए आँकड़ों को कुछ एक घंटों में दिखा सकते हैं?

अगर मैं आपसे कहूँ कि ये सभी कुछ ही घंटों के भीतर सम्भव है तो क्या आप विश्वास करेंगे? अगर मैं कहूँ कि ये आँकड़े केवल रुपये दस प्रति समूह प्रति महीने में बनाये जा सकते हैं तो आप विश्वास करेंगे।

संस्था ने एक ऐसा कम्प्यूटरीकृत डाटा बेस आँकड़ा विश्लेषक बनाया है जो इस तरह के आँकड़े को कुछ ही मिनटों में बना देता है। इस आँकड़ा बेस को चलाने के लिए केवल दस रुपये प्रति माह प्रति समूह पर खर्च आता है।

इस तरह की सेवा सी. पी. एस. एल. की तरफ से दी जा सकती है। अगर किसी संस्था की इच्छा हो कि वह स्वयं इसको सीखना चाहे तो उसे एक सॉफ्टवेयर जो लगभग पचास से साठ हजार रुपये तक में आता है खरीदना पड़ेगा। फिर उन्हें सी. पी. एस. एल. द्वारा प्रशिक्षित किया जा सकता है। इस प्रक्रिया में समूह के केवल एक पेज के रिपोर्ट की आवश्यकता पड़ती है। जिसे समूह अपनी प्रत्येक बैठक के बाद भरते हैं। देखें किताब के अन्त में।

फिर इस फार्म के आँकड़े को कंप्यूटर में डाला जाता है। इसके बाद आप जिस तरह की भी व्याख्या करना चाहें कर सकते हैं।

आजकल अक्सर महिलाओं के सशक्तीकरण पर जोर दिया जाता है। हमारी एक व्याख्या दर्शाती है कि महिलाओं ने क्या किया? इसे भी चंद घंटों में तैयार

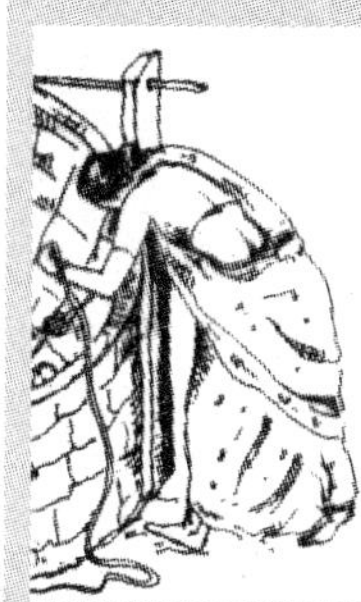

किया गया है।

सी. पी. एस. एल. या तो आपको प्रशिक्षित कर स्वयं से चलाने में मदद कर सकता है अथवा अगर आप प्रति समूह दस रुपये देकर सी. पी. एस. एल. के आँकड़े रखें एवं उसकी व्याख्या प्राप्त कर सकते हैं। यह आँकड़ा न सिर्फ व्याख्या करता है बल्कि समूह बनाने से सदस्यों की आर्थिक स्थिति में क्या परिवर्तन आया उसे भी दर्शाने में मददगार होगा। चूँकि समूह के प्रत्येक आँकड़े इस डाटा बेस में रखे गए हैं और लगातार हो रहे परिवर्तन को भी रखा गया है। आर्थिक स्थिति में सुधार को भी आसानी से देखा जा सकेगा। ऐसा सी. पी. एस. एल. का अनुभव है। विस्तृत जानकारी के लिए इस संस्था द्वारा दर्शाया गया पता जो कि पुस्तक के पृष्ठ दो पर अंकित है इस पर संपर्क कर सकते हैं।

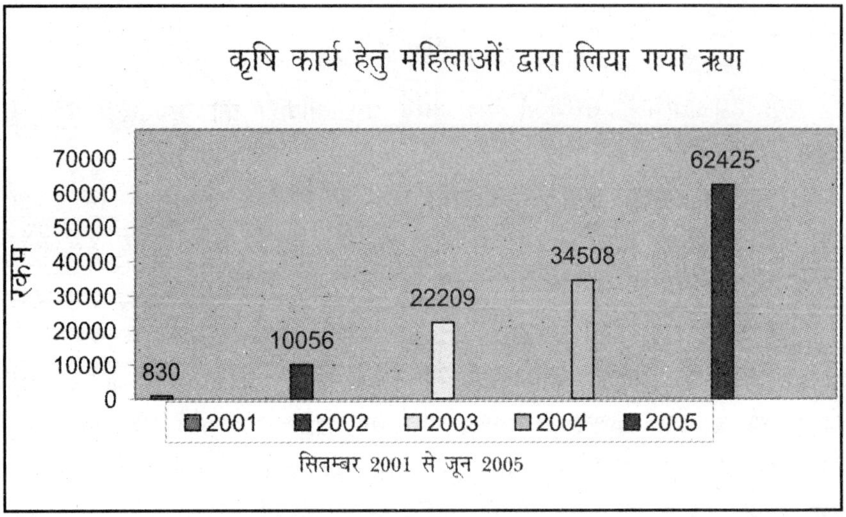


**ग्राफ 4**

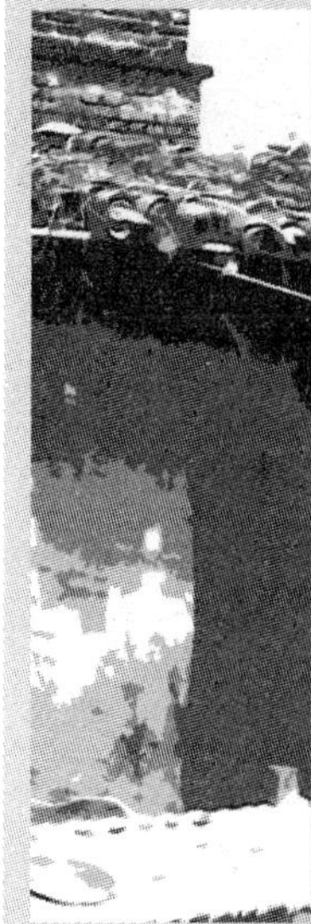

# बचत का क्या करें?

सी. पी. एस. एल. के सदस्यों ने कम से कम छः परियोजना एवं इतनी ही सरकारी एवं गैरसरकारी संस्थाओं में काम किया है। इन कार्यों के द्वारा हमने कई और संस्थाओं में भ्रमण किया है। एक तरफ हम बैंक से समूह को ऋण के लिए जोड़ने की कोशिश करते हैं तो दूसरी तरफ इन समूहों के करोड़ों रुपये जमा कर निश्चिंत हो जाते हैं। हमने एक संस्था के लगभग एक हजार समूह के द्वारा की गई बचत को देखा है जो लगभग दस लाख थी। न जाने कितनी संस्था अपने कार्य कर रही हैं और कितने समूह बनाए हैं। अगर सब का हिसाब लगाया जाए तो इनको बचत ही इनके शायद ऋण के रूप में नहीं मिल रही है।

इसमें दोष किसी बैंक को देना गलत होगा। शायद हम समूह को ऐसी प्रक्रिया में डालने में असफल होते हैं।

हमने इस कठिनाई को दूर करने की कोशिश मध्य प्रदेश, उत्तर प्रदेश एवं बिहार के कुछ गाँव में की और इसमें सफल ही नहीं बल्कि एक नये तरीके से समूह की आवश्यकता के अनुरूप कार्यक्रम बनाने में सफलता हासिल की। आपके सामने उसे रखा जा रहा है, शायद आपके लिए भी यह कारगर सिद्ध हो।

पिछले अध्याय में हमने देखा कि सदस्यों ने बचत करना शुरू कर दिया है और उस बचत के बक्से को सदस्यों ने बारी-बारी से अपने पास रखना भी चालू कर दिया है। हमें दो सप्ताह लग जाते हैं जब हम बचत की राशि और

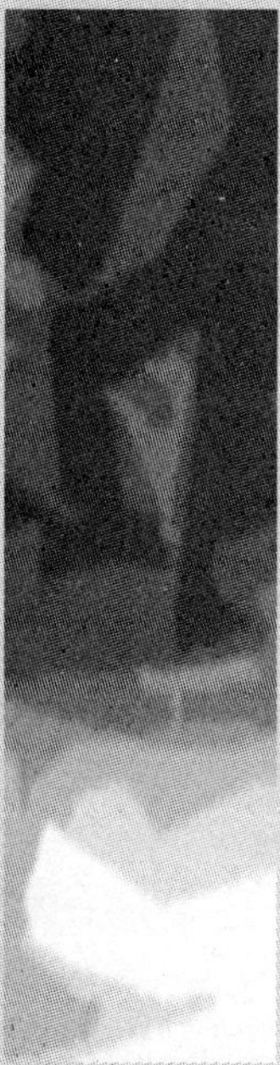

बक्से को घुमाने की प्रक्रिया को स्थापित कर चुके होते हैं। इन दो सप्ताह में बचत की राशि लगभग बीस-तीस रुपये हो जाती है। आइए इसका आगे वर्णन करते हैं।

इस बैठक में हम सदस्यों से पूछते हैं कि सदस्य ये बचत क्यों कर रहे हैं? चर्चा तरह-तरह की होगी लेकिन अंत में यही निकलकर आता है कि जरूरत पड़ने पर इसका उपयोग करेंगे या फिर कोई बड़ा धंधा करेंगे। हमारा अगला सवाल होता है कि क्यों नहीं अभी तक आपने कोई धंधा किया और न ही कोई जरूरत पड़ने पर इसका उपयोग किया। सदस्यों का उत्तर होता है कि अभी तो केवल बीस रुपये ही हुए हैं और उससे कुछ नहीं किया जा सकता है।

**सूद की दर—**फिर हम एक विश्लेषण करते हैं जिसमें प्रत्यक्षदर्शियों से पूछा जाता है कि आपने पिछले पंद्रह दिनों में क्या खरीदा और क्या बेचा? हम बारी-बारी से सदस्यों को अपने बारे में बताने को कहते हैं अगर समूह में दस सदस्य हैं तो यह निकलकर आता है कि उनमें से दो या तीन सदस्यों ने किसी दुकान से दस रुपये या इससे भी कम का उधार सामान लिया है, या फिर किसी चीज जैसे—चावल, धान को बेचकर सामान खरीदा है और अवश्य ही उधार लिया है। खेती के समय में शायद उधार में दो-चार किलो खाद लेना भी हो सकता है।

अब हम सदस्यों से कहते हैं कि आपने तो उधार लिया लेकिन आपका अपना पैसा आपके बक्से में पड़ा है, एक तरफ आप कह रहे हैं कि जरूरत पड़ेगी तो इसका उपयोग करेंगे लेकिन दूसरी तरफ जरूरत पड़ने पर दूसरी जगह से उधार लेने जा रहे हैं।

अगर किसी ने चावल इत्यादि बेचकर फिर कुछ खरीदा है तो उनसे हम पूछते हैं कि चावल आपने किस भाव से बेचा, अगर आप चावल खरीदने जाते तो किस भाव से मिलता। इस फर्क का प्रतिशत क्या है? हालाँकि आपने उधार नहीं लिया परंतु आपने एक से दो रुपये की हानि की है। इससे अच्छा होगा आप चावल को इकट्ठा बेचने की कोशिश करें और समूह से ऋण लेकर उसमें कुछ अधिक डालकर वापस कर दें।

सदस्यों को याद होगा कि उन्होंने अपने खेत में बोआई की है, अब ये बीज जम गए हैं। जाहिर है सभी बीज के जमने के समय उसमें घास भी उगेगी अगर उस घास को आप साफ नहीं करेंगे तो ये घास फसल को ही बर्बाद

कर देगी। घास को साफ करने का मतलब होता है, जब भी आपको उधार की जरूरत पड़े इन्हीं पैसों से काम करें। कुछ सदस्य सवाल उठाते हैं कि अगर वह पैसा वापस नहीं आएगा तो क्या करेंगे? संस्था का जवाब होता है कि अगर कुछ दिन के बाद हजार-पाँच हजार इकट्ठा हो जाएगा और तब आप कोई काम शुरू करें तब अगर पैसा वापस नहीं आएगा तो क्या होगा? अभी अगर नहीं भी वापस आएगा तो हमें केवल दस-बीस रुपये गँवाने पड़ेंगे। परंतु आगे चलकर हमें बहुत बड़ी हानि हो सकती है। क्यों नहीं अभी हम जाँच कर लें कि पैसा वापस आता है अथवा नहीं। केवल दस-बीस ही तो बर्बाद होंगे।

ऋण लेने की प्रक्रिया की शुरुआत होने से हमारे समूह को आगे प्रशिक्षण की सामग्री मिल जाती है। क्योंकि ऋण के शुरू होते ही बहुत सारी समस्याएँ आने लगती हैं और इन समस्याओं का व्यावहारिक निदान ही हमारे लिए प्रशिक्षण है। जो सबसे पहले समस्या आती है क्या सूद भी होना चाहिए? अगर हो तो कितना? यहाँ कुछ समूह बिना किसी सूद का पैसा लगाना आरंभ कर देते हैं तो कुछ गाँव में लगा रहे हैं। लोगों के सूद दर के हिसाब से ही अपनी सूद दर तय करते हैं जो लगभग तीन से दस प्रतिशत यानी छत्तीस से एक सौ बीस प्रतिशत प्रति वर्ष एकमुश्त के बीच का होता है। हम सबों से सवाल करना चाहते हैं कि उन्होंने ऐसा दर क्यों तय किया है। हम कभी भी उन्हें यह नहीं कहते हैं कि आपने गलत किया है। और उसका विश्लेषण उनके द्वारा ही करवाने की कोशिश करते हैं। फिर हम उनसे कहते हैं कि आप अगर किसी को मदद करना चाहते हैं तो करते रहें। पर आप इतनी छोटी-सी रकम से कब तक मदद करते रहेंगे। फिर भी निर्णय करना आपका काम है। मैं एक बिंदु पर आप से बात करना चाहता हूँ। कोई भी वहाँ मौजूद सामान का उदाहरण लेते हैं जैसे कि कोई शर्ट अथवा कलम अथवा कोई टोकरी इत्यादि। क्या हमें कोई यह बता सकता है कि इसका अभी बाजार में क्या दाम है। भागीदारों के उत्तर हमें बड़े ही ध्यान से सुनने पड़ते हैं। ऐसा भी होता है कि भागीदारों के बीच बहस होने लगती है, कि इसका मूल्य इतना है, इतना नहीं। हम सबसे कम मूल्य मानकर आगे बढ़ते हैं। फिर अगर सवाल रखते हैं कि क्या हम इस वस्तु को अगले वर्ष इसी मूल्य पर खरीद सकते हैं। भागीदारों के बीच बहस के बाद उत्तर आता है कि नहीं। वस्तु का मूल्य अगले साल बढ़ जाएगा। अगर नहीं खरीद सकते हैं तो इसका मतलब होता है कि आप अगर 100 रुपये इस

साल अपने पास रखें, तो अगले साल 100 रुपये में उतने ही सामान नहीं खरीद सकते हैं। इससे पैसे के मूल्य में हर एक वर्ष गिरावट होती है। क्या इस स्थिति में हम बिना सूद का पैसा लगाएँगे, तो घाटा नहीं खाएँगे। अब फैसला आपके हाथ में है। आप क्या सूद लें अथवा नहीं।

फिर या तो उसी बैठक या अगले बैठक में हम आगे जाते हैं, और पूछते हैं कि इस चर्चा के बाद क्या आप सोचते हैं कि जितना सूद अधिक होगा उतना ही अच्छा है? उनका उत्तर सुनते हैं। उनके ही द्वारा दिए गए उत्तर से हम अपने आगे की बात को जोड़ने की कोशिश करते हैं। हम पूछते हैं कि धान की जब कटाई होती है तो चावल का भाव क्या होता है? फिर इस चावल का भाव कुछ दिनों के बाद क्या होता है? भागीदारों के उत्तर के अनुसार इसमें संभवतः रुपये एक से दो का फर्क होता है। क्यों न हम कटाई के समय में चावल खरीद लें और कुछ दिनों के बाद बेच दें। भागीदार बताते हैं उनके पास पूँजी नहीं है। फिर हम उन्हें याद दिलाते हैं कि आपने तो कहा है कि गाँव में सूद का दर तीन से दस रुपये प्रति माह है और इसका मतलब गाँव में ऋण मिल रहा है। फिर क्यों लोग ऐसा धंधा नहीं करते हैं। भागीदारों का उत्तर हो सकता है कि ये होता है कुछ लोग ऐसा करते हैं। हम उनसे पूछते हैं कि क्यों लोग ऐसा करते हैं? जिनका अपना चावल होता है कोई भी व्यक्ति ऋण लेकर ऐसा काम नहीं करना चाहते हैं?

मान लिया जाए कि कोई व्यक्ति एक सौ रुपये का चावल जिसकी दर कटाई के समय पाँच रुपये थी। अतः वह एक सौ रुपये में केवल बीस किलो चावल खरीद सकता है। चार महीने के बाद इस चावल का मूल्य छः रुपये हो जाता है। अर्थात् वह चार महीने के बाद बीस रुपये कमाता है। अगर उसने चार महीने में पाँच रुपये प्रति सैकड़ा की दर से सूद में पैसा लिया है तो उसका सूद भी बीस रुपये हो जाएगा अतः वह जानता है कि इस धंधे में कोई फायदा नहीं होने वाला है और इस धंधे को नहीं करता है। ग्रामीण धंधे सभी इसी तरह के होते हैं और हम शायद ही देखते हैं कि कोई व्यक्ति गाँव से पैसा लेकर कोई धंधा करता है। गाँव में ऋण लोग ऐसे समय पर लेते हैं जहाँ कोई दूसरा रास्ता नहीं है। जैसे कि लड़की की शादी, बीमारी का इलाज इत्यादि।

अगर हमारे समूह भी इतने ही सूद का दर रखें तो आप रोजगार को बढ़ावा नहीं देंगे और बहुत लोग आपसे सूद पर पैसे नहीं लेंगे। लेकिन अगर आप कम दर पर पैसे देते हैं तो आपका पैसा ज्यादा लगेगा और आपकी आमदनी

पर इसका कोई फर्क नहीं पड़ेगा।

मान लिया जाए कि आपने एक सौ रुपया पाँच रुपये सैकड़ा पर एक महीने के लिए लगाया और बारह महीने तक पैसा पड़ा रहा। दूसरे हालत में एक रुपये सैकड़ा में ही बारह महीने तक पैसा सूद पर लगाए रखा तो कितनी ज्यादा आमदनी होगी।

अब हमने दोनों तरह की स्थिति की व्याख्या कर दी है निर्णय लेना आपका काम है। बैंक लगभग 9-12 प्रतिशत प्रति वर्ष ब्याज पर ऋण देता है। अगर बैंक से आप ऋण लेंगे तो इतना आपको उसे देना पड़ेगा। इसमें थोड़ा खर्च आपका भी आएगा। अतः आप इसमें अपना खर्च जोड़कर ऋण में सूद की दर जोड़ सकते हैं। इस चर्चा के बाद ऐसा पाया गया है कि सूद की दर लगभग डेढ़ से दो रुपया समूह के सदस्य तय करते हैं।

**वित्तीय प्रबंधन**—जैसे कि ऋण मिलने लगता है। ऋण लेने वाले सदस्यों की संख्या बढ़ने लगती है। समूह में खुद प्रश्न उठता है कि लेने वाले बहुत हैं और समूह में पैसा ही नहीं है। सी. पी. एस. एल. उनसे पूछता है कि कितने पैसे हो जाएँ कि सभी जरूरतें पूरी हो जाएँगी। क्या हममें से कोई इसकी गणना कर सकता है। बहुत चर्चा के बाद निकलकर आता है कि हम सबों की जरूरत को कभी पूरा नहीं कर पाएँगे। इसीलिए समूह को नियम बनाना पड़ेगा। लोग महसूस करते हैं कि हमें अपने साधन के हिसाब से चलना है। फिर समूह ऋण लेने वाले से ऋण लेने का कारण पूछते हैं और जिसकी जरूरत महत्त्वपूर्ण है उसे ऋण देने की कोशिश करते हैं।

फिर कभी-कभी बक्से में पैसा नहीं होता है और सदस्य बीमार पड़ जाता है। समूह के सदस्य विभिन्न तरह से उसकी पूर्ति करते हैं। कुछ समूह के सदस्य तुरंत अपना ऋण चुकाकर दूसरे को देने की कोशिश करते हैं कुछ समूह के सभी सदस्य अतिरिक्त बचत के जरिए उसके तत्काल की जरूरत को पूरा करते हैं और ये सब नियम खुद ही बन जाते हैं। कुछ बैठक में यह भी तय होता है कि बीस से पच्चीस प्रतिशत बचत बक्से में आपातकालीन स्थिति के लिए रखेंगे। इस तरह वित्तीय प्रबंधन के एक से एक नियम अपने आप बनते चले जाते हैं। वास्तव में यही समूह की ताकत बन जाती है। इस तरह के नियम समूह के अंदर परिस्थिति के अनुरूप काम करने की क्षमता का विकास होता है। अगर आप जल्दी से बाहरी ऋण की व्यवस्था कर देते हैं तो सभी लोग झगड़ा भी कर सकते हैं, लेकिन जब समूह में परिस्थिति के अनुरूप कार्य करने

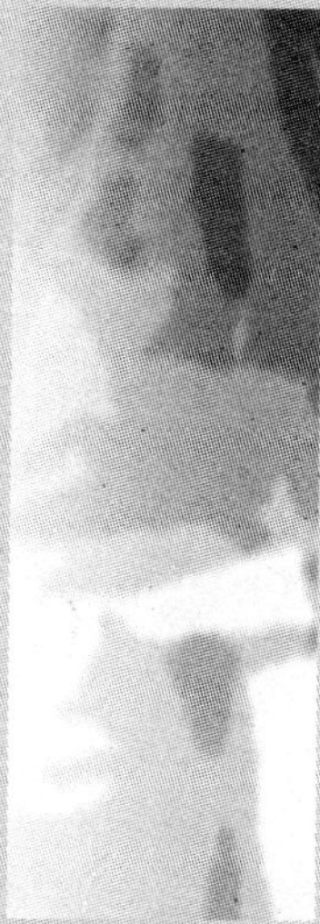

की क्षमता का विकास हो जाता है, तो फिर आप उसकी क्षमता के अनुरूप बाहरी ऋण देकर उसे और मजबूत कर सकते हैं।

**ऋण वापसी और किस्त का निर्धारण**—अक्सर इस समय तक समूह के सदस्य एकमुश्त ऋण की राशि को वापस करते हैं। अब हम उनसे पूछते हैं कि गाँव में सभी को ऋण मिल सकता है? क्या सभी को एक ही राशि मिल सकती है? इस सबका उत्तर आता है कि नहीं? संस्था का अगला सवाल होता है कि क्यों गाँव में कोई व्यक्ति 50,000 ऋण ले लेता है, जबकि किसी को केवल कुछ हजार और कुछ को कुछ सौ और कुछ को कुछ भी नहीं मिलता है। यह बातें लोगों के विश्वास और उसके द्वारा आमदनी के साधन पर निर्भर करती हैं। किस परिस्थिति में लोग ऋण लेते हैं। अगर आप सोचते हैं कि आपके सदस्य जो ऋण लेंगे उनके पास एक साथ इतने पैसे आएँगे कि वे एकमुश्त राशि वापस कर देंगे।

जब आप खेत में पटवन करते हैं तो क्या पूरा खेत एक ही बार में पट जाता है। कैसे हम एक कोने से पटवन शुरू करते हैं और धीरे-धीरे पूरे खेत को पटा देते हैं। इस तरह आप सोचते हैं कि आप ऋण की राशि एकमुश्त वापस कर देंगे तो शायद यह संभव नहीं है। अतः आप थोड़ी-थोड़ी राशि वापस करते हैं। जैसे कि आप बचत करते हैं। ऐसे ही आपको ऋण वापस करने में आसानी होगी। लोग जितने ऋण लेते हैं, अगर उन्हें उतने पैसे एक साथ आने की उम्मीद होती है तो शायद वे ऋण कभी भी नहीं लेते हैं। उदाहरण के लिए लोग घर बनाने के लिए ऋण लेते हैं। एकमुश्त उनके पास इतना पैसा शायद नहीं आने वाला है। अतः किस्त अवश्य तय करना चाहिए, चाहे राशि कितनी छोटी क्यों न हो।

**सूद की दर घटते हुए राशि पर**—इस समय समूह के लोग प्रश्न करते हैं कि हमें सूद तो देना ही पड़ेगा हम किस्त क्यों दें? ये सवाल समूह के 356 सदस्यों के द्वारा पूछा गया है। फिर हम उन्हें कहते हैं कि अगर मान लिया जाए कि आपने एक हजार रुपये लिए हैं और एक सौ रुपये एक महीने के बाद वापस कर दिए तो आगे आपको क्या सूद लगना चाहिए। अगर सूद का दर दो रुपये प्रति सैकड़ा प्रति माह है तो समूह के सदस्य खुद बोलते हैं कि इन्हें केवल अठारह रुपये लगना चाहिए। अब हम उनके सामने सवाल रखते हैं कि आपके पास दो रास्ते हैं, एक तो अठारह रुपये लेना और दूसरा बीस रुपये लेना। अगर बीस लेते हैं तो सदस्य का सवाल है कि वे किस्त क्यों

दें अगर अठारह लेते हैं तो ज्यादा किस्त देता है और आप उसी पैसे का फिर से उपयोग कर सकते हैं। साथ ही दूसरे की जरूरत भी पूरा कर सकते हैं, निर्णय आप लें। लेकिन बाहरी ऋण आपको घटती हुई राशि पर ही लगेगा।

हमारे सभी समूहों ने घटती हुई राशि पर ही ऋण लेना तय किया है। चर्चा और भी होंगी अगर हम धैर्यपूर्वक उनको सुनना चाहेंगे। इन्हीं चर्चाओं को इस पुस्तक में जोड़ा जाना हमारा उद्देश्य है।

## विकास के विभिन्न पहलुओं को प्रोत्साहित करने का तरीका

- विकास के विभिन्न पहलुओं को चिह्नित कर उसे प्रोत्साहित करने में डाटाबेस की अहम भूमिका होती है।
- समूह गठन के पश्चात् प्रति बैठक के हिसाब से सामूहिक चर्चा का उल्लेख करने के लिए संस्था की ओर से एक पेज का फॉर्मेट दिया जाता है। इस फॉर्मेट में समूह की बचत, लॉन का लेन-देन एवं कार्यवाही समूह के सदस्यों द्वारा भरी जाती है।
- इस तरह सारे समूहों का फॉर्मेट कंप्यूटर में इंट्री किया जाता है।
- जब समूह अपने बचत का उपयोग धड़ल्ले से करने लगता है तो डाटाबेस के द्वारा यह पता लगाया जाता है कि समूह का सदस्य आखिर इस पैसे का उपयोग किस काम के लिए कर रहा है।

  उदाहरण के तौर पर यह देखा गया है कि कुल सदस्य का 19 प्रतिशत लोग अपनी बीमारी के इलाज के लिए समूह से ऋण लिए। जब यह पता चल जाता है कि इतने लोग इस काम के लिए पैसा लिए हैं तब हम अपने डाटाबेस से यह पता करते हैं कि बीमारी वाला लॉन किस महीना ज्यादा लिया गया है। इस तरह डाटाबेस से उस समूह का चार्ट तैयार कर समूह के बीच ले जाते हैं और उसे दिखाकर आपसी चर्चा करने के लिए छोड़ देते हैं। कुछ देर चर्चा करने के बाद समूह के सदस्यों के बीच बोला जाता है कि आप इस पैसे को बचा सकते हैं। यह पैसा आपका बरसात के मौसम में ज्यादा जाता है। अगर इस वक्त आप आस-पास साफ-सफाई रखें और पानी उबाल कर पिएँ तो हो सकता है लोग बीमार कम पड़ें। इस तरह प्रोत्साहित करके लोगों को इसके लिए जागरूक करते हैं।
- इस तरह अन्य ऋण का आकलन करने पर पता चलता है कि कुल

ऋण का कितना भाग खेती के काम में, शिक्षा, स्वास्थ्य एवं अन्य व्यवसाय में लग रहा है।

उदाहरण के तौर पर जब यह देखा गया है कि कुल ऋण राशि में से 33 प्रतिशत लॉन खेती के काम में लगाया गया है तो प्रति गाँव के हिसाब से प्रतिभागियों को बताया गया कि लोग इस पैसे का उपयोग खेती के काम के लिए कर रहे हैं और यह पैसा कहीं-न-कहीं जा रहा है, जिसका फायदा कोई और ले रहा है। अगर आप में से कोई इस धंधे को करना चाहते हैं तो आप इसे कर अपनी आमदनी बढ़ा सकते हैं।

- जैसे ही समूह में बचत एवं लेन-देन होने लगता है तो समूह के सदस्यों को यह कहकर उत्प्रेरित किया जाता है कि अभी तो आपका कारोबार छोटे स्केल पर चलता है अगर यह बड़ा हो जाएगा और आपकी राशि बढ़ जाएगी तो आपको कैसे पता चलेगा कि कौन कितना रुपया लिया। कार्यवाही जो लिख रहा है वह सही-सही लिख रहा है या गलत। इसके लिए कम-से-कम 1-9 तक का अंक एवं एक पर कितना शून्य होने से 10,100,1000 या 100000 होता है इसके बारे में सोचना जरूरी है या नहीं। इस तरह खुद से सोचने के लिए समूहों को छोड़ दिया जाता है। इस तरह से सीखने वालों का ग्राफ धीरे-धीरे बढ़ रहा है।

# लोगों की आवश्यकता का कैसे पता लगेगा?

जब समूह में ऋण का लेना शुरू होता है तो उद्देश्य कुछ निम्न प्रकार के होते हैं।

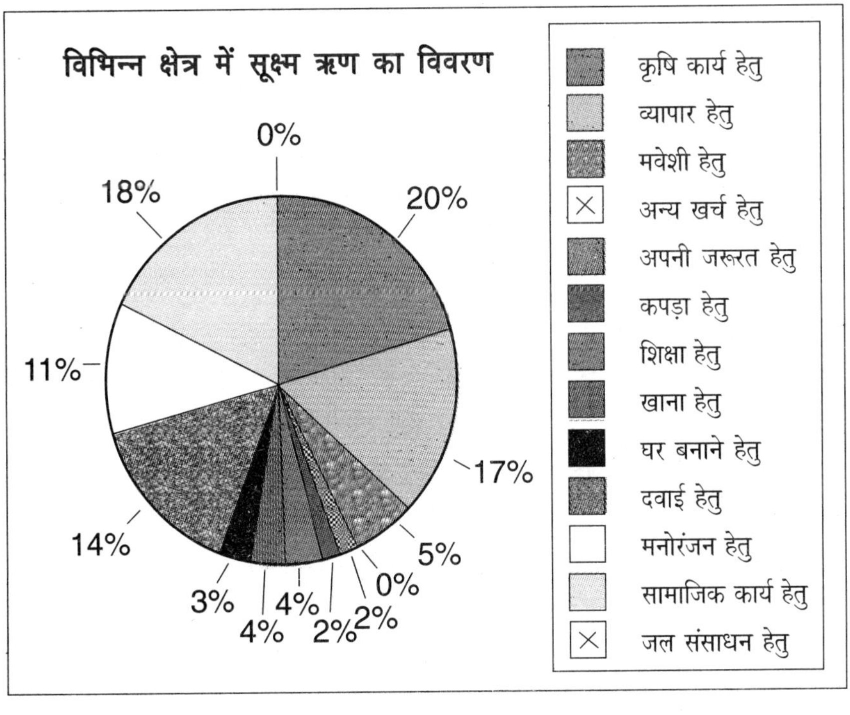


ग्राफ 1

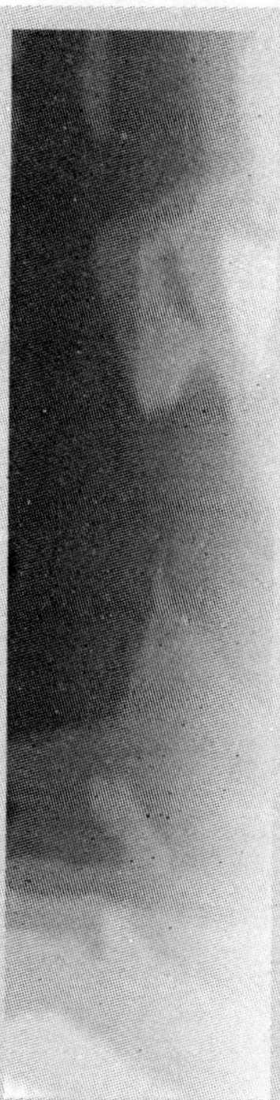

इस तरह के ग्राफ को ले जाकर हम समूह से चर्चा करते हैं। अगर आपने सी. पी. एस. एल. का डाटाबेस तरीका अपनाया तो आप हरेक समूह का ये ग्राफ सिर्फ कुछ ही सेकंड में बना सकते हैं। हम समूह से कहते हैं कि अगर कोई वित्तीय संस्था इस ग्राफ को देखे तो कहेगी कि आपके 86 प्रतिशत ऋण ऐसे हैं जो आपकी कुछ कमाई नहीं कर रहे हैं। जबकि केवल 14 प्रतिशत ऐसे हैं जिनसे हमें आमदनी बढ़ाने की संभावना होती है।

सी. पी. एस. एल. समूह के सदस्यों से पूछता है कि आप क्या करते, अगर आपको सामाजिक कार्य के लिए ऋण नहीं मिलता। समूह के लोग बताते हैं कि या तो वे पाँच रुपये सैकड़ा प्रतिमाह के दर से सूद पर ऋण लेते या अपनी कुछ संपत्ति बेच देते। दोनों ही तरीकों में वे नुकसान में ही रहते, अगर किसी ने एक बकरी ही बेच दी तो उनके कमाने के साधन का नुकसान होता है। लेकिन समूह से ऋण लेकर उसे उस बकरी की कमाई से फिर वापस कर सकता है। फिर हम पूछते हैं कि दवाई के लिए ऋण लेने से उन्हें क्या फायदा हुआ। समूह के सदस्य बताते हैं कि दवाई से सदस्य एक-दो दिनों के बाद ही मजदूरी के लिए चले गए। अगर ऋण नहीं मिलता तो शायद सात दिनों की मजदूरी से हाथ धोना पड़ता। हम जानते हैं कि गाँव में मजदूरी केवल कुछ ही दिनों के लिए उपलब्ध हो पाती है और अगर उस समय लोग बीमार हो जाएँ तो ये सबसे बड़ा नुकसान है। हम इस बिंदु पर स्वास्थ्य संबंधी विषय पर भी बात कर सकते हैं। जैसे हम देख रहे हैं कि आपकी सारी बीमारी का ऋण बरसात के दिनों में ही लगा है हो सकता है कि इसका कारण पानी हो, अगर हम पानी को गर्म करके पीएँ और अगले साल देखें कि बीमारी वाले ऋण में कुछ कमी हुई है अथवा नहीं। किसी ने अपने पुराने ऋण की वापसी की है। ऋण नहीं वापस करने पर हो सकता है कि उसे कम मजदूरी की दर पर कुछ दिनों तक काम करना पड़ा हो। जिससे उसका नुकसान हुआ है। इस तरह हम प्रश्न पूछकर जानने की कोशिश करते हैं कि उनकी नजर में बिना आय देने वाले ऋण की हकीकत क्या है?

इस बिंदु पर विकास के और विषय को ला सकते हैं। ऐसा देखा गया है कि किसी महिला ने ऋण बच्चे के जन्म के समय में लिया है और उसकी जान की रक्षा के लिए ये आवश्यक था। अतः हम कह सकते हैं कि आप रिप्रोडक्शन चाइल्डहेल्थ से संबंधित जानकारी दे सकते हैं। कुछ लोग ग्राफ को नहीं समझने की बात को उठाते हैं। फॉर्म भरने में दिक्कत महसूस करते हैं। उन्हें शिक्षित होने का मतलब बताया जाता है। अगर आप सौ और हजार में फर्क नहीं जानते हैं, तो समूह

चलाने में कभी धोखा खा सकते हैं। क्यों नहीं आप एक से नौ तक की संख्या को पहचानने की कोशिश करें। और कार्यवाही फॉर्म को खुद ही भरने की कोशिश करें। यहाँ जितनी भी परियोजनाएँ चल रही हैं, सबको शामिल किया जा सकता है। इस तरह की चर्चा एवं कार्यक्रम को समन्वित करने का सिलसिला लगभग छः महीने से शुरू होकर एक वर्ष तक चलते रहता है। कुछेक अंतराल पर हम उन्हें कुल बचत, कुल ली गई एवं कुल वापस की गई ऋण राशि का ग्राफ भी दिखाते हैं।

इस ग्राफ को देखकर उनसे पूछा जाता है कि एक लाख में कितने सौ के नोट होंगे। जाहिर है ऐसा शायद ही समूह के सदस्य कर पाते हैं। उनसे कहा जाता है कि आप लोगों ने मिलकर नौ लाख से ज्यादा की मदद लगभग

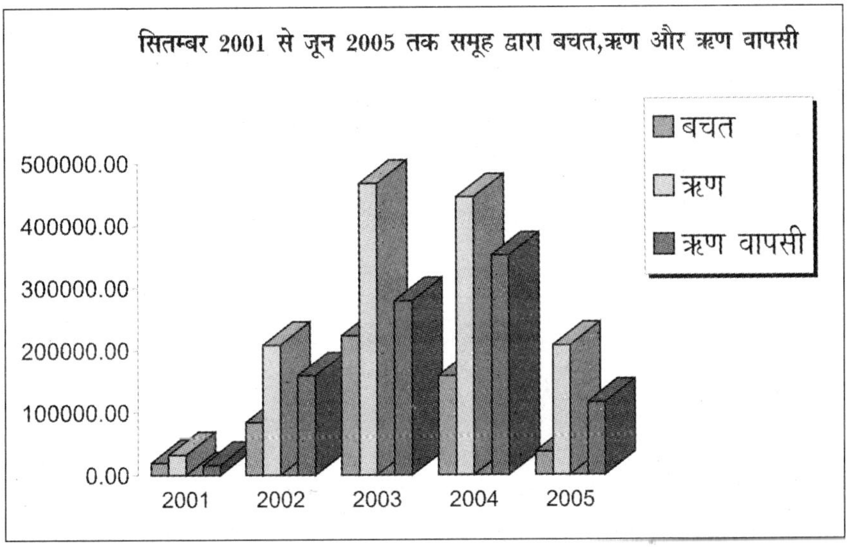


ग्राफ 2

सात हजार व्यक्तियों को दी है। क्या ये स्वयं सहायता समूह नहीं हैं? क्या आपने कभी ऐसी आशा की थी? क्या संस्था आप लोगों की इतने ठीक समय पर ठीक कार्य के लिए मदद पहुँचा सकती है?

इस दौरान हमें एक बैठक में उनसे पूछना चाहिए कि संस्था को समूह से कोई फायदा नहीं दिख रहा है। क्यों नहीं हम समूह को तोड़कर पैसे का बँटवारा कर लेते? इसके उत्तर में विभिन्न तरह की जानकारी मिलती है। इस चर्चा के दौरान समूह बताता है कि उन्हें कैसे कुछ ही पैसे के लिए सौ चक्कर लगाने पड़ते थे। सूद की दर ज्यादा होती है, और उन्हें वक्त पर पैसा भी नहीं मिलता था। कैसे किसी विधवा ने बिना अपनी संपत्ति को बेचे अपनी लड़की

की शादी की और बाद में ऋण की वापसी उसी संपत्ति से की। कैसे कुछ महिलाओं ने लीज पर जमीन लेकर अपनी आमदनी को बढ़ाया। कैसे किसी सदस्य ने अपना घर बनाया।

फिर ऋण का प्रयोजन बदलने लगता है और कुछ इस प्रकार का हो जाता है।

विभिन्न क्षेत्र में सूक्ष्म ऋण का विवरण

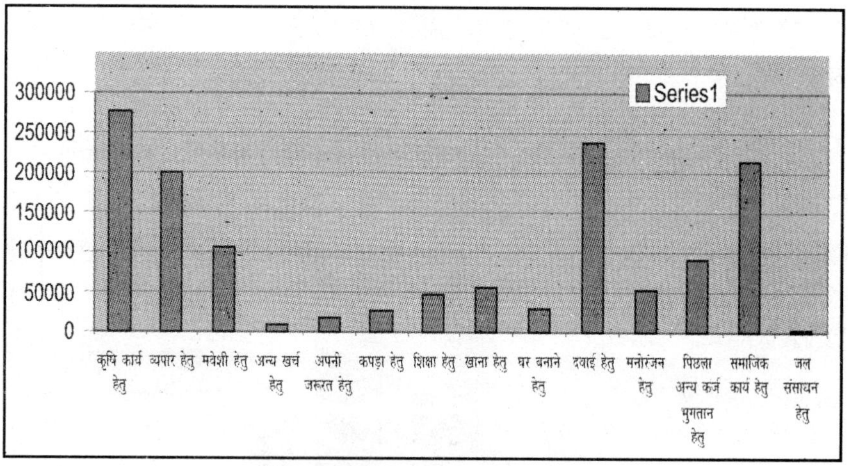


**ग्राफ 3**

अब हम देखते हैं कि केवल कुछ ऋण लेने का प्रयोजन ही लगातार बढ़ रहा है। जबकि और प्रयोजन में कुछ ही ऋण लग रहा है। जैसा कि यहाँ दिख रहा है कि खेती के लिए, व्यापार के लिए, व्यवसाय के लिए, इलाज के लिए, और सामाजिक कार्य के लिए, ऋण लगातार बढ़ रहा है।

ये सभी हमें यह बताता है कि समूह के सदस्य खुद समझदार हैं एवं उन्हें मालूम है कि कौन-सा धंधा करना है और कैसे करना है। जरूरत है, उन्हें उन्नत जानकारी और ऋण की।

हम समूह से ऋण के प्रयोजन पर चर्चा करते हैं। अगर हम खेती की पूँजी के लिए ऋण को देखें तो लोग बताते हैं कि उन्होंने खाद, बीज, जोताई एवं पानी पटाने के लिए ऋण लिया। कुछ सदस्यों ने खेत लीज पर लिए, कुछ जमीन खरीद भी सकते हैं।

कुछ सदस्यों ने बताया कि उन्होंने बकरी, मुर्गी और गाय या तो खरीदीं या साझे के आधार पर छुड़ायीं, कुछ बताते हैं कि उन्होंने चूड़ी, आइसक्रीम,

बूटपॉलिश, मौसम के अनुसार सामान की खरीदारी और बेचने का धंधा किया। और भी कई कार्यों को करने के लिए ऋण लिया।

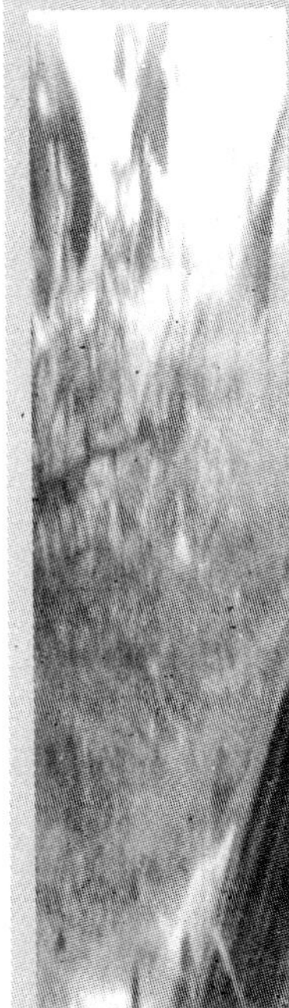

बीमारी के इलाज में भी बहुत तरह की समस्याएँ आती हैं। जैसे कि पशु के इलाज के बहुत से पारा पेशेवर गाँव में ही थे और उन्होंने इलाज किया। प्रसव के दौरान जरूरी चिकित्सा के लिए ऋण लेना बड़ा ही स्वाभाविक है। शादी में ऋण का लेना एवं दूसरे के लिए या किसी उत्सव पर ऋण लेकर कपड़े वगैरह की खरीदारी।

हमारा काम यहाँ केवल ऋण तरीकों का अध्ययन करना है, और फिर इसी को लेकर हम आगे बढ़ते हैं। जैसा कि हम अगले अध्याय में चर्चा करेंगे।

## कोर समूह का बनाना एवं स्वयंसेवकों का समूह के कार्य से हटना

लगभग छः महीने के बाद सी. पी. एस. एल./स्वयंसेवक समूह से पूछते हैं कि हमको (सी. पी. एस. एल./स्वयंसेवक) समूह बनाने से कोई फायदा नहीं दिख रहा है, क्यों नहीं समूह को तोड़ लिया जाए? इसके उत्तर में हमें बहुत से कारण मिलते हैं जिसके कारण सदस्य समूह को तोड़ना नहीं चाहते हैं। फिर हम उनसे कहते हैं कि परियोजना में पैसे तो सीमित समय तक के लिए ही हैं। कुछ दिन के बाद स्वयंसेवक और सी. पी. एस. एल. नहीं रहेंगे तो क्या आपका समूह चल पाएगा, दूसरी एक और बात है कि बहुत सी संस्था के लोग संपर्क कर सकते हैं, किंतु आपकी ज्यादातर बैठक रात में होती है। अतः कोई आ नहीं पाता है। उन लोगों का यह भी कहना है कि रात में बैठक इसलिए रखी गयी है, कि कोई समूह नहीं देख पाए।

अगर हग सभी रागूह के रादरय गहीने गें एक दिन अपने-अपने गाँव में बैठक करें तो शायद हमारी मुलाकात और लोगों से भी हो सकती है। क्या इस बैठक में सभी समूहों के सभी सदस्यों को बैठना आवश्यक है? प्रत्येक समूह से केवल दो सदस्य बैठक में आ सकते हैं। फिर अगले महीने की बैठक में दो और कोई सदस्य भाग ले सकते हैं, यहाँ सवाल फिर उठता है कि कितनी बैठकें की जाएँ। इस तरह की बैठकों से ग्रामीणों का समय बर्बाद होता है। फिर हम उनसे एक सवाल पूछते हैं। अगर प्रखंड से कोई कार्यक्रम मिलने वाला हो तो कितने लोग कितने दिनों तक उसके लिए घूमते रहते हैं? यहाँ हम घर पहुँचाकर ऋण की बात कर रहे हैं। उसमें आपका समय माँग रहे हैं तो आपको दिक्कत हो रही है।

अगर एक समूह में दस सदस्य हैं इसका मतलब कि एक सदस्य की

बारी लगभग पाँच महीने बाद आएगी और पाँच महीने में केवल एक घंटा और फिर इसमें तरह-तरह की बातें। अगर आपको समूह चलाना है तो कोर समूह आवश्यक है नहीं तो परियोजना के पास अब पैसे बचेंगे नहीं और हम इतने स्वयंसेवकों का भुगतान नहीं कर सकते हैं।

इस तरह लगभग 90 प्रतिशत गाँव में कोर समूह बन जाते हैं अब इन समूह में हम कार्यवाही पुस्तक लेने और देने की व्यवस्था करते हैं। चर्चा करके उसे समूह तक पहुँचाने की समीक्षा करते हैं। धीरे-धीरे छः महीने के अंदर स्वयंसेवकों का कार्य कोर समूह को देने की कोशिश करते हैं। अगले छः महीने में हमारा समूह तैयार हो जाता है। जब भी हम बड़े ऋण की बात करते हैं तो इस समूह से मूल्यांकन करवाया जाता है।

इनकी कुछेक बैठकों में चर्चा की जाती है कि ऋण की वापसी कैसे होगी तथा इसमें कोर समूह की भूमिका क्या होगी, कुछ स्वयंसेवकों के समूह ने इन्हें बताया है कि अगर किसी गाँव के समूह के पैसे वापस नहीं हुए, तो उस गाँव में किसी भी समूह को ऋण नहीं दिया जा सकता है।

# लोगों की आवश्यकता की पूर्ति में स्वयंसेवकों/सदस्यों का फायदा कैसे हो?

पिछले अध्याय में हमने ऋण के प्रायोजन के जरिए उसे लिए जाने वाले कार्यक्रमों को जानने की कोशिश की थी। अब हम उस कार्यक्रम को आगे बढ़ाने के लिए कार्यक्रमों के रूप विकसित करने की कोशिश करेंगे। अब हम समूह में देखते हैं कि लगातार ऋण की माँग बढ़ती जाती है। केवल पाँच लाख रुपये में 9 लाख का ऋण लगना इस बात का सबूत है, हम अपने स्वयंसेवकों को इस बात की जानकारी देते हैं कि कुछ संस्था एवं बैंक हैं जिसे पैसे लगाने की इजाजत है। ऐसी संस्था के द्वारा ऋण लगवाने वाली संस्थाओं को शुरुआत में कुछ खर्चे भी दिए जाते हैं, अगर आप भी ऐसी संस्था बनाना चाहते हैं तो सी. पी. एस. एल. का कुछ पैसा लगाकर अनुभव हासिल करने की कोशिश करें। जाहिर है कि स्वयंसेवक जिसकी अब तक नौकरी केवल छः महीने की बची होती है, इसे करने को तैयार होते हैं। उन्हें शुरुआती ऋण सी. पी. एस. एल. से दिया जाता है।

इस बिंदु पर हम बैंक से भी कोशिश करते हैं। अगर बैंक ऋण देता है तो उन्हें कागजात चाहिए और जिसे पूरा करने में हमारे स्वयंसेवक मदद करते हैं। इस मदद के बदले स्वयंसेवक कुछ समूहों से सेवा शुल्क ले सकता है। लेकिन यहाँ समूह स्वतंत्र होता है कि वो इस स्वयंसेवक से सेवा लेना चाहता है या नहीं। समूह किसी नए व्यक्ति को भी अपना स्वयंसेवक नियुक्त कर सकते हैं।

सर्वप्रथम हमने देखा कि समूह के सदस्य खेती में पैसा लगा रहे हैं और उनसे निम्नलिखित कार्य लिए जा रहे हैं।

1. बीज खरीदने के लिए,
2. खाद एवं कीटनाशक खरीदने के लिए,
3. सिंचाई हेतु मशीन एवं उनके उपकरण को भाड़े पर लेने के लिए,
4. जमीन को लीज पर लेने के लिए,
5. फसल चक्र बदलने के लिए।

इन सब कार्यों के लिए देखा गया कि समूह के सदस्य दो किलो से दस किलो खाद एक समय में खरीदते हैं। चूँकि इसे खरीदने के लिए उन्हें पचास से सौ रुपये लगाने पड़ते हैं। इतनी छोटी मात्रा में खरीददारी के लिए वे शहर नहीं जा सकते हैं। अतः खरीददारी छोटे शहरों अथवा गाँव में की जाती है। सब्जी के बीज में तो यह राशि और भी कम हो जाती है। और इसे खरीदने के लिए शहर जाकर सही *संस्था/दूकान* से बीज खरीदना और भी संभव नहीं है। लेकिन अगर दस गाँव के समूहों को मिलाकर एक साथ बीज खरीदा जाए तो यह फायदा का सौदा हो सकता है। इस तरह से खरीदे गए बीज की कोई गारंटी भी नहीं होती है।

हम स्वयंसेवकों एवं समूह के सदस्यों से कहते हैं कि जब एक लाख से ज्यादा राशि इन सभी कार्यों में लगाई जा रही है तो क्यों नहीं इनमें से कोई सदस्य थोड़े बीज खरीदकर गाँव में पहुँचाने का प्रयास करें। हम इस तरह से विशेषज्ञ संस्थाओं से मिलकर और भी आगे बढ़ सकते हैं। उदाहरण के लिए पटना में पूर्वी क्षेत्र के लिए भारतीय कृषि अनुसंधान परिषद् ने कुछ जानकारी केंद्र बना रखे हैं। जिसके पास इस तरह के कार्य करने के लिए उचित कागजात हैं।

जब सदस्य एवं स्वयंसेवक देखते हैं कि वास्तव में लाख से ज्यादा की राशि इस प्रकार के कार्यों के लिए ऋण ली गई है तो वे इस कार्य को करने की इच्छा जताते हैं। इस प्रकार की चर्चा के बाद एक स्वयंसेवकों के समूह ने पचास हजार रुपये के बीज का कारोबार किया। कारोबार केवल तीन महीनों में किया गया। इस तरह के धंधे को करने वाले लोगों की संख्या बढ़ने लगती है।

अगर इस तरह के धंधे में शामिल लोगों को पारा कृषि पेशेवर के रूप में शिक्षित किया जाए तो बेहतर परिणाम पाया जा सकता है, और ये दवा अथवा अन्य औषधीय चीजें (शामिल) को बेचकर सर्विस का दाम भी कमाया जा सकता है।

ये न केवल आय के कार्यक्रम होते हैं, बल्कि नई सूचना और तकनीक को गरीबों तक पहुँचाने में भी मददगार सिद्ध होते हैं। उदाहरण के तौर पर हाईब्रीड धान बोने की परंपरा शायद ही बिहार में अभी कहीं हो। लेकिन जब उन्हें बीज दिखाया गया तो पहले वर्षों में 14 सदस्यों ने इसे लगाकर जानने की कोशिश की कि इससे फसल में क्या फर्क पड़ता है। दूसरे साल 30 से ज्यादा सदस्यों ने इसे लगाया।

इस तरह के बाजार मिलने से निजी बीज कंपनी के प्रतिनिधि भी समूह की बैठक में शामिल हुए। अगर एक गाँव में सौ घर हैं तो प्रतिवर्ष बीस हजार रुपये का व्यापार संभव है और इतने व्यापार में दो हजार रुपये कमाये जा सकते हैं। अगर स्वयंसेवकों का समूह थोक में खरीदकर सभी गाँव में सदस्य को अपना बिक्री प्रतिनिधि बना दें और दोनों आय को बढ़ाने के तरीके को ढूँढ़ लें तो एक आमदनी का स्रोत यह हो सकता है।

## पशुपालन में व्यापार के मौके

पशुपालन में लिए गए ऋण का अध्ययन करने से पता चलता है कि कई सदस्यों ने निम्नलिखित कार्य किए हैं।

1. ऐसे पशुओं के, सदस्यों ने खरीद की, जिनको वे पहले से ही बटाईदारी के तौर पर ले रखे थे। उदाहरण के तौर पर सदस्य ने एक बछिया बटाई पर ले रखी थी। जब ये बछिया दूध देने लायक होती है तो उसकी कीमत लगाता है और आधी कीमत देने वाला उसका मालिक बन जाता है। अब होता यह है कि गरीब के पास पैसे तो होते नहीं, इसलिए गाय का मालिक थोड़ी बहुत कीमत देकर गाय का मालिक बन जाता है। और जब गाय आमदनी देने लायक होती है तो गरीब को कुछ नहीं मिलता है। अब सदस्य समूह से ऋण लेकर गाय को छुड़ाने लगे हैं।

   इस तरह के सदस्यों को बताया जाता है कि और बछिया भी लेकर रख सकते हैं जिसमें उनका खतरा भी नहीं है। कुछ दिनों बाद जब उनमें समूह का ऋण लेने की क्षमता बढ़ जाएगी तब एक साथ पाँच गाएँ बन सकती हैं। साथ में वे एक हाईब्रीड का बछड़ा रखकर उन्नत किस्म की गाय के मालिक बन सकते हैं।

2. **वर्तमान पशुओं की समस्याएँ**—बहुत सारी समस्याएँ होती हैं, जैसे समय पर गर्भवती नहीं होना इत्यादि। इसके लिए फिर बीज की तरह सलाह देते हैं और कोशिश करते हैं कि हरेक के गाँव में पारा व्यावसायिक हो जाए, जो सदस्यों को सेवा प्रदान कर सके। इसका प्रोत्साहन भी बीज की तरह से किया जाता है। हम कोशिश करते हैं कि पारा व्यावसायिक कृत्रिम गर्भ धारण के अलावा एक हाईब्रीड मादा पशु रखके पैसे के बदले में सेवा प्रदान करते हैं लेकिन अभी तक हम इसमें कामयाब नहीं हुए हैं।
3. **मुर्गी पालन का व्यापार**—हम ऋण लेने के प्रयोजन का अध्ययन करने पर पाते हैं कि कुछ लोग मुर्गी की भी खरीद करते हैं। अध्ययन से पता चलता है कि प्रत्येक घर में दो-तीन हजार की मुर्गी प्रत्येक वर्ष मर जाती हैं। हम सदस्यों से कहते हैं कि रांची में रामकृष्ण मिशन एक दिव्यायन किस्म निकाले हैं। जिसमें मुर्गी के कम मरने का दावा किया जा रहा है। क्यों नहीं कुछ सदस्य दो सौ से चार सौ मुर्गी खरीद कर इसे अपने गाँव में बीज की तरह धंधा करें। इस तरह एक सदस्य मुर्गी रांची से ला सकता है और प्रत्येक गाँव में एक दो सदस्य इसको बेचने का काम कर सकते हैं। चूँकि इसका रंग और खाने का स्वाद देहाती मुर्गी की तरह होता है। अतः इसका बाजार भाव अधिक होता है। इस तरह इस धंधे में हमने पाया कि एक सदस्य ने उन्नीस मुर्गी सोलह रुपये की दर से खरीदीं। उनमें से तेरह मर गयीं बची हुई छः मुर्गी उसने सत्तर रुपये के भाव से दो माह बाद बेचीं। इस तरह उसकी लागत थी तीन सौ बीस जबकि आय 420 रुपये। अब इस सदस्य को लगा कि अगर हमने कोशिश कर सबको बचा लिया होता तो हमारी आय पंद्रह सौ तीस रुपये होती। उसने खुद से फार्म के लोगों से जानकारी लेना शुरू करने की कोशिश की कि कैसे ज्यादा से ज्यादा मुर्गी को बचाया जा सकता है। प्रत्येक कार्यक्रम में आप जानकारी के साथ आय बढ़ा रहे हैं, हो सकता है कि कुछ ही दिनों में कुछ सदस्य जानकारी लेते हुए मुर्गी फार्म विकसित कर लें, और इसमें संस्था को परेशान होने की कोई आवश्यकता नहीं है।
4. **छोटे-छोटे व्यापार को बड़ा करने का प्रयास**—ऋण लेकर कुछ सदस्यों ने छोटे-छोटे व्यापार करने की कोशिश की है। जैसे कुछ चूड़ी बेच

रहे हैं, ये सदस्य गाँव-गाँव में घूमकर चूड़ी बेचते हैं। जब इनसे पूछा गया कि आप एक दिन में कितने गाँव घूमते हैं तो इन्होंने बताया कि दो से तीन गाँव। हम इनसे पूछते हैं कि क्यों नहीं आप एक सौ गाँव में रोज घूम लेते हैं। सदस्या हँसती है? फिर उन्हें तरीका बताया जाता है कि आप अगर प्रत्येक गाँव में एक प्रतिनिधि रखें जो निश्चित रूप से कोई समूह का सदस्य होगा आप उसे जरूरी प्रशिक्षण देकर तथा कुछ कमाई में हिस्सा देकर एक सौ गाँव में पहुँच सकते हैं। हालाँकि इस पर अभी तक हमें कामयाबी नहीं मिली है। क्योंकि हमारे पास वित्तीय संकट है। लेकिन हमें उम्मीद है कि इस तरह से बढ़ाए गए व्यापार ज्यादा बढ़ेंगे, बशर्ते कि क्लास रूम प्रशिक्षण के द्वारा कार्यक्रम को बढ़ाने की कोशिश की जाए।

5. **सामाजिक ऋण में व्यापार**—ऐसा देखा जाता है कि जब भी सदस्य सामाजिक कारणों से ऋण लेते हैं, वे अक्सर कपड़े की खरीद करते हैं। हमारे समूह में कुछ ऐसे सदस्य होते हैं जो सिलाई का प्रशिक्षण लिए हुए हैं। हम उन सदस्यों से कहते हैं कि क्यों नहीं वे शादी के समय में कुछ कपड़े सिलाई कर घर में रखें और उन्हें बेचें। यह भी अपना प्रतिनिधि प्रत्येक गाँव में बना सकते हैं, और लोगों को प्रशिक्षित कर सकते हैं। इस तरह से हम धंधों को बढ़ावा देने में सहायता करते हैं। हालाँकि हमारा समूह अभी दो-तीन साल ही पुराना है। फिर भी ऐसे-ऐसे धंधों का प्रचलन बढ़ा है। जैसे कोई विशेषज्ञ सोच भी नहीं सकते हैं। हमें आशा है कि धंधे की हम ऐसी विधि को खोज पाएँगे जो अभी हमारी कल्पना के विपरीत है। इस तरह के धंधे में घाटा होने से भी आंध्र प्रदेश के लोगों की तरह आत्महत्या नहीं करनी पड़ेगी। कर्ज में लोगों को डुबा देना विकास नहीं है। बल्कि थोड़े-से कर्ज में अधिक आय कर लेना हमारा उद्देश्य है। जिसकी क्षमता कर्ज लेकर विकास करने की है उसे हमारी संस्था की जरूरत नहीं है। क्योंकि आप व्यापारी समुदाय में पाएँगे कि वे खुद अपना व्यवसाय कर रहे हैं। हम ऐसे लोगों के साथ काम कर रहे हैं जिनकी किसी भी पूँजी (सामाजिक, आर्थिक, भौतिक, प्राकृतिक और मानव) पर पहुँच नहीं है। अतः हमें सावधानी बरतने की जरूरत है।

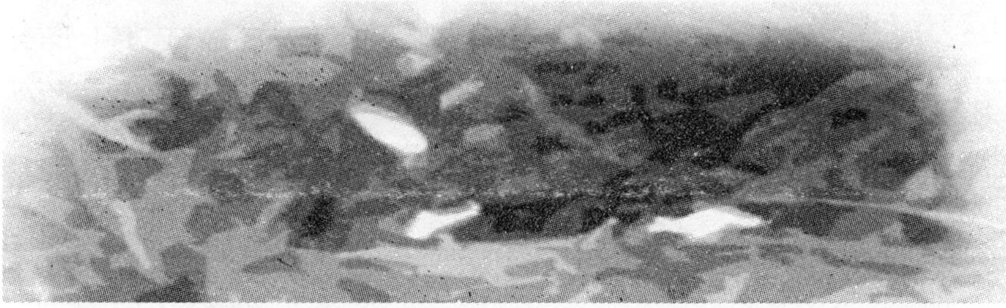

# लोगों की आवश्यकता की पूर्ति हेतु स्वयंसेवकों की संस्था का बनना

जिस तरह के धंधे का जिक्र हमने पिछले अध्याय में किया है उसमें नियम से चलना पड़ता है। हम अपने स्वयंसेवकों को बताते हैं कि आपने अभी तक अच्छा कार्य किया है, लेकिन माइक्रोफाइनांस करने के लिए आपको संस्था बनानी पड़ेगी। उसी तरह बीज वगैरह के लिए भी कागजात बनाने की जरूरत है। अगर आप लोग एक संस्था बना लेते हैं तो भविष्य में नावार्ड वगैरह भी आपको कुछ और कार्य भी दे सकती है। चूँकि कुछ स्वयंसेवकों ने अपनी आँखों से देखा है कि बड़ी राशि का लेन-देन हो रहा है, और लगभग सौ प्रतिशत ऋण वापसी हो रही है। फिर स्वयंसेवक संस्था की ओर आकर्षित होते हैं। संस्था बनाने से पूर्व हम स्वयंसेवकों के समूह को सभी कार्य करने के लिए प्रोत्साहित करते हैं। जैसे कि अगर संस्था बनाना हो तो हम उस समूह को एकमुश्त ऋण देते हैं, जो लगभग पाँच हजार रुपये से शुरू होता है। सर्वप्रथम हम उस संस्था का मूल्यांकन करते हैं, और उस स्वयंसेवक के समूह से भी कहते हैं कि वे भी समूह को ऋण देने से पहले इन्हीं बातों पर समूह का मूल्यांकन करें। समूह के मूल्यांकन में कोर समूह का भी हाथ होता है। अब स्वयंसेवक के समूह का मूल्यांकन कर उन्हें यही प्रक्रिया अपने समूह में दोहरा कर तब बाहरी ऋण देने की सलाह दी जाती है। समूह अथवा स्वयंसेवक के समूह का मूल्यांकन निम्नलिखित प्रक्रिया से किया जाता है। निम्नलिखित चार बिंदुओं पर समूह का

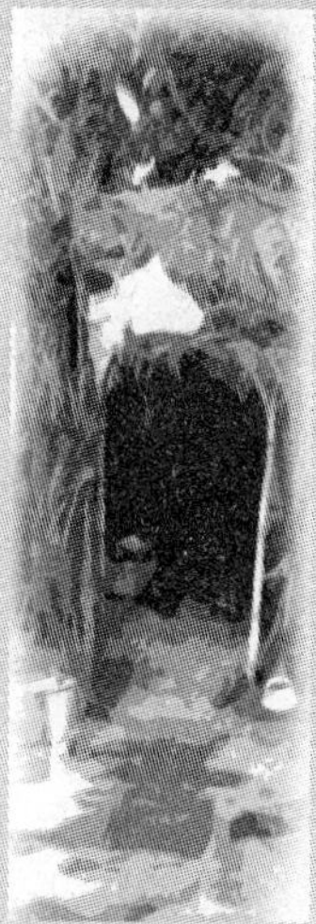

मूल्यांकन किया जाता है।

| क्रम संख्या | लक्षण | समूह की उम्र | सवाल जो पूछना है | दृश्य संकेत |
|---|---|---|---|---|
| 1 | समूह की बैठक | 3-6 | गाँव पहुँचते ही अचानक मिलने वाले ग्रामीणों से पूछना कि समूह की बैठक होती है या नहीं। | 60-70 प्रतिशत लोगों के द्वारा उत्तर को बता देना। (पास अगर दूसरी बैठक वाला लक्षण नहीं भी हो) स्वयंसेवक का नाम लेकर पूछने पर समूह के बारे में बताना (पास लेकिन समूह के कारण पूछना कि क्यों आपके बारे में आम ग्रामीण नहीं जानते) स्वयं सेवक का नाम लेने पर भी समूह के बारे में नहीं बताना। (फेल) |
| | | 6-9 | समूह के सदस्यों से पूछना कि समूह क्यों नहीं तोड़ दिया जाए। | 70-80 प्रतिशत सदस्यों के द्वारा होने वाले फायदा को बताना। |
| | | 9 और उससे अधिक | किसने समूह के द्वारा क्या पाया क्या खोया? | 70-80 प्रतिशत सदस्यों के द्वारा कुछ न कुछ कार्यक्रम लेना और समय के साथ इसमें लगातार वृद्धि होना। (उत्पादक और अनुत्पादक) |
| 2 | बचत | 3-6 | इतनी बचत क्यों? | समूह के सदस्यों द्वारा |

| | | | | |
|---|---|---|---|---|
| | | | अभी तक क्या सामूहिक बचत है। सदस्य इसे सामूहिक बचत मानते हैं या व्यक्तिगत। | बचत निर्धारण की वृद्धि को बताना। 80 प्रतिशत बचत होना सदस्य के द्वारा बार-बार समूह के पैसे का अधिक होना न कि व्यक्तिगत बचत का। |
| | | 6-9 | अतिरिक्त बचत होती है अथवा नहीं। बचत कहाँ रखी जाती है? | 80 प्रतिशत बचत का होना। सामयिक बचत अगर की है तो बिना किसी और लक्षण के पास। अगर बचत, बचत पेटी में रखकर इसे सभी सदस्यों के पास घुमाया जाता है। 80 प्रतिशत सदस्य बचत का हिसाब किताब मौखिक रूप से बताने में सक्षम हैं। |
| | | 9 और इससे अधिक | बचत का मालिक कौन है? | समय के साथ उत्तर में परिपक्वता आती रहती है कोई झगड़ा नहीं अथवा झगड़े का प्रजातांत्रिक ढंग से निपटारा करता है। |
| 3 | ऋण का लगाना | 3-6 | ऋण लगने की शुरुआत | तीन महीने के अंदर (पास बिना किसी और लक्षण के) ऋण लेने वाले लोगों की जानकारी सभी को है। ऋण लेकर किसने क्या किया कम से कम पचास प्रतिशत सदस्यों द्वारा ऋण का लेना। |

| | | | | |
|---|---|---|---|---|
| | | 6-9 | | ऋण लेने वाले लोगों की जानकारी सभी को है। ऋण लेकर किसने क्या किया तथा उसे क्या नफा नुकसान हुआ। कम से कम 90 प्रतिशत सदस्यों द्वारा ऋण का लेना। |
| | | 9 और उससे अधिक | | ऋण लेने वाले लोगों की जानकारी सभी को है। ऋण लेकर किसने क्या किया तथा उससे क्या नफा नुकसान हुआ। कम से कम 90 प्रतिशत सदस्यों द्वारा ऋण का लेना। प्रत्येक सदस्य का सोच हो कि और ऋण मिलने पर क्या करेंगे। |
| 4 | ऋण की वापसी | 3-6 | ऋण क्यों लोग वापस करेंगे? | 80 प्रतिशत सदस्यों के द्वारा कारण को बताना कुछ (एक भी) लोगों ने आपातकालीन स्थिति में ऋण लिया हो। लगभग सौ प्रतिशत वापसी। |
| | | 6-9 | बाहरी ऋण का लेना और वापसी वित्तीय प्रबंधन का लक्षण। | 80 प्रतिशत सदस्यों के द्वारा कारणों को बताना कुछ (एक भी) लोगों ने आपातकालीन स्थिति में ऋण लिया हो लगभग सौ |

| | | | | |
|---|---|---|---|---|
| | | | | प्रतिशत वापसी अगर लेने वाला अधिक हो तो, सूद की दर क्या हो और सब सदस्यों को मालूम हो। |
| | | 9 और उससे अधिक | बाहरी ऋण वापस करने की जिम्मेदारी किसकी है? | समूह की सामूहिक जिम्मेवारी है, क्या यह उनके पिछले से प्रभावित होता है। बीमा और कोलेटेरियल सुरक्षा का इंतजाम क्या है। 90 प्रतिशत किस्त समय पर आयी है। समूह के प्रत्येक सदस्य की सोच लगातार बढ़ाए जाना। |
| 5 | सहभागिता | 3-6 | कितने समूह के सदस्य चर्चा में भाग लेते हैं? | कम से कम पचास प्रतिशत सदस्य। |
| | | 6-9 | कितने समूह के सदस्य चर्चा में भाग लेते हैं? | कम से कम 80 प्रतिशत सदस्य। |
| | | 9 और उससे अधिक | कितने समूह के सदस्य चर्चा में भाग लेते हैं? | सभी सदस्य। |
| 6 | कोर टीम का बनना | 6-9 | कोर बैठक में भाग लेना। | सभी गाँव में। |

इसके आधार पर संस्था स्वयंसेवकों के समूह को, एवं स्वयंसेवकों का समूह, ग्रामीण समूह को बाहरी ऋण देना प्रारंभ करता है। ये ऋण समूह को पाँच सौ रुपये और स्वयंसेवकों के समूह को संस्था द्वारा पाँच हजार का ऋण देता है। अगर ये समय के साथ लक्षण को पूरा करते जाते हैं और समूह आगे बढ़ता जाता है। जब स्वयंसेवकों का समूह लगभग दस हजार रुपये का कारोबार करने लगता है तब उसे पंजीकृत (सोसाइटी रजिस्ट्रेशन एक्ट 1860) कराने की सलाह दी जाती है। रजिस्ट्रेशन के बाद इनको खुद भी वित्तीय संस्थाओं से जोड़ने का प्रयास किया जाता है। इस तरह से ये माइक्रोफाइनांस करने लगते हैं।

लोकल बैंक से भी संपर्क रखा जाता है जहाँ से मदद कम ही मिलती है, लेकिन अगर बैंक खुद ऋण देना चाहते हैं तो स्वयंसेवकों की संस्था समूह के कागजात पर ध्यान देकर वहाँ से आय बढ़ायी जा सकती है।

इस तरह सी. पी. एस. एल. धीरे-धीरे नया कार्यक्रम जो पिछले अध्याय में वर्णन किया गया है को भी बढ़ावा देता है। इन सबका उल्लेख अलग-अलग पुस्तकों में किया जा रहा है। यहाँ इसकी संक्षिप्त जानकारी दी जा रही है।

# स्वयंसेवकों की संस्था द्वारा समूह निर्माण प्रक्रिया को पूरे जिले में कैसे फैलाया जा सकता है

संस्था ने इस तरह के कार्यों की केवल चार या छः गाँवों से शुरुआत की है। लगभग तीन वर्षों में 77 गाँव में पहुँच गयी है। समूह बनाने की अगर गति का अध्ययन किया जाए तो ये बड़ी ही आकर्षक दिखती है। ये जानना जरूरी है कि चार गाँव से 77 गाँव तक यह प्रक्रिया कैसे पहुँची। इसके बाद पाठक खुद फैसला कर सकते हैं कि इसका प्रसार कितना संभव है। इतने गाँव पहुँचने के लिए केवल दो कार्यकर्ता से, जून दो हजार एक में कार्य शुरू किया गया था। 2003 के आते-आते हमारे सी. पी. एस. एल. के सदस्यों की संख्या बढ़कर 6 हो गई। केवल छः लोगों ने एक सौ चौदह स्वयंसेवकों का एक नेटवर्क तैयार किया है जो इतने गाँव में प्रसार तीन वर्षों से कम समय में किया है।

सर्वप्रथम हमने चार गाँव को चुना हमारे इन चार गाँव को चुनने का तरीका था कि ये गाँव पटना से सबसे नजदीक वाले गाँव थे। इन चार गाँव के लगभग छः स्वयंसेवकों के साथ बैठक शुरू हुई। इसके बाद इन स्वयंसेवकों ने दूसरे गाँव से स्वयंसेवकों को चुनना शुरू किया। छठे महीने में ही हमारा कार्य लगभग चौदह गाँव में पहुँच गया। एक वर्ष के अंदर ये कार्य 22 गाँव में पहुँच गया। जो भी स्वयंसेवक हमारे साथ बैठक में चार-आठ महीने के लिए बैठा वे खुद ही इतने प्रशिक्षित हो गए कि संस्था के मुख्य कार्यकर्त्ता जैसे काम करने लगे।

चूँकि समूह का लगातार विकास स्वयंसेवक की आय का साधन होता है। जैसे कि समूह अगर बन गया तो बचत करना तथा इसके बाद बचत से ऋण लेने की प्रक्रिया का होना। एक बार जब ऋण लेने और वापस करने का सिलसिला शुरू हुआ तो फिर समूह को बाहरी लोन की व्यवस्था किया जाना। चूँकि आठ से नौ महीने के बाद स्वयंसेवक को भुगतान उनके द्वारा ऋण लेने और वापस करने पर निर्भर करता है, अतः या तो स्वयंसेवक संस्था को छोड़कर चले जाते हैं अथवा अच्छा काम करते हैं। अच्छा काम करने वाले स्वयंसेवक आगे बढ़ते जाते हैं।

किसी भी दूसरे तरीके में किसी संस्था को बार-बार नियुक्ति की प्रक्रिया से ज्यादा से ज्यादा पेशेवर को लाना पड़ता है और ये पेशेवर ज्यादा से ज्यादा पाँच सौ समूह ही बना पाते हैं। इस विधि में लगातार एक बड़ी संख्या में प्रशिक्षित कार्यकर्त्ता बनते रहते हैं और ये कभी भी संस्था पर जिम्मेदारी नहीं बनती है, बल्कि खुद काम कर संस्था को देते हैं।

एक तरफ जहाँ हम बेरोजगारी की मार झेल रहे हैं, वहाँ इस तरह की विधि से हम बेरोजगारों को एक अच्छे कार्य के लिए प्रोत्साहित करते हैं। इससे समाज में उठ रही दूसरी बुराई पर भी काबू पाया जा सकता है।

इनके द्वारा बहुत सारी सेवाएँ गाँव में बहुत ही सस्ते में पहुँचाई जा सकती हैं। अभी तक माइक्रोफाइनांस में बहुत सारी छूट देने के प्रावधान हैं। जब हम ही कार्य को ऊपर से नियंत्रित करते हैं तो खर्चे ज्यादा आते हैं। जबकि गाँव के लिए स्वयं बिना छूट राशि के ये कार्य स्वयंसेवक कर सकते हैं। उदाहरण के तौर पर जब एक स्वयंसेवक का समूह बनता है तो उसमें दस-ग्यारह स्वयंसेवक होते हैं। इन दसों स्वयंसेवकों के द्वारा लगभग पचास समूह बनाए गए होते हैं। इन पचास समूह में लगभग पाँच सौ सदस्य होते हैं। अगर इन पाँच सौ सदस्यों को केवल दस हजार की दर से ऋण दिया जाए तो कुल ऋण की आवश्यकता पचास लाख होगी।

अब माइक्रोफाइनांस संस्था इन स्वयंसेवकों के समूह को ऋण बारह प्रतिशत वार्षिक की दर पर देती है। अगर यह अठारह प्रतिशत वार्षिक पर सूद लगाए तो इस पर कुल आमदनी होगी तीन लाख जो इस तरह के ग्रामीण युवा के लिए अच्छा माना जा सकता है। इसके अलावे बहुत सारी संस्था भी समूह बनाने के लिए पैसे देती हैं। जिससे सूक्ष्म वित्त की दो से तीन गुना आय ज्यादा हो सकती है।

हमारे विस्तार की गति निम्नलिखित थी जिससे इतनी तो उम्मीद कि जा सकती है कि इसके प्रसार की विस्तृत संभावना है। नीचे की तालिका में हम देख रहे हैं कि हम इतने गाँव में किस प्रकार से पहुँचे :

| **क्र. सं.** | **विवरण** | **वर्ष (प्रतिशत अंतिम वर्ष तक)** | | |
|---|---|---|---|---|
| | | **2001** | **2002** | **2003** |
| 1. | समूहों की सं. | 76 | 122 (60 प्रतिशत) | 435 (256 प्रतिशत) |
| 2. | सदस्यों की सं. | 734 | 1221 (66 प्रतिशत) | 4417 (261 प्रतिशत) |
| 3. | महिला सदस्यों की सं. | 290 | 716 (146 प्रतिशत) | 1322 (84 प्रतिशत) |

सी. पी. एस. एल. की वर्तमान क्षमता लगभग दो हजार समूह बनाने की है। इस रफ्तार को देखते हुए बहुत सारी एजेंसियों ने अपनी इच्छा जताई है कि वे सी. पी. एस. एल. के साथ कार्य करना चाहती हैं। इसी को ध्यान में रखकर इस तरह की पुस्तिकाएँ लिखी जा रही हैं।

# स्वयंसेवकों की संस्था को कैसे बिना किसी परियोजना के सहयोग से मदद पहुँचाई जाए?

अब तक जो स्वयंसेवकों की संस्था बन गयी वह समूह की आय बढ़ाने के साथ अपनी आय भी बढ़ा सकते हैं लेकिन इन संस्थाओं को एक पेशेवर संस्था का सपोर्ट मिलना जरूरी है। जैसे कि उन्हें सूचना मिलनी जरूरी है कि कौन-सा तकनीक ग्रामीणों के लिए उपयोगी हो सकता है। जैसे कि हाईब्रीड धान का बीज का प्रचलन अभी तक गाँव में नहीं था लेकिन जानकारी देने पर पचास से ज्यादा किसानों ने इसे परखने की कोशिश की। इनमें से कुछ ने कारण को जाना कि ये किस तरह की जमीन में उपयोगी है जबकि कुछ ने इससे और भी लाभ को अपनी नजरों से देखा।

ग्रामीण मुर्गियाँ खरीद रहे थे, लेकिन देहाती मुर्गी में बीमारी अधिक थी। जब उन्हें रामकृष्ण मिशन के नए वेराइटी की जानकारी दी गई तो दो-तीन तो पूरे इण्टरप्रेनर बन गए और इन्होंने सौ से ज्यादा ग्रामीणों को इस मुर्गी चर सीखने का प्रयास इसे पाल कर किया है। इस तरह के पेशेवर सपोर्ट के लिए एक पेशेवर संस्था का होना जरूरी है, और जैसे-जैसे स्वयंसेवकों के समूह की संख्या बढ़ती जाएगी हमें पेशेवर संस्था की भी जरूरत होगी। हो सकता है कुछ स्वयंसेवकों का समूह भी कुछ दिनों के बाद ये रोल भी करने लगे। इस रोल में सी. पी. एस. एल. अपने को देखता है। इस रोल में सी. पी. एस. एल. का प्रयास होगा कि स्वयंसेवकों की संस्था को व्यापार देने का प्रयास किया

जाए। जब उन्हें इतना व्यापार मिलेगा तो वे कुछ सलाहकार की फीस सी. पी. एस. एल. को देने को तैयार होंगे। अगर सी. पी. एस. एल. के सौ ऐसे एस. एल. पी. एस. (स्वयंसेवकों की संस्था) हो तो ये रुपये 2000 प्रतिमाह सी. पी. एस. एल. को दे सकते हैं, और इस तरह से सी. पी. एस. एल. का स्थायी होना तय होगा। अभी सी. पी. एस. एल. 10 ऐसी संस्था के साथ काम कर रही है। सी. पी. एस. एल. का यह भी प्रयास है कि कुछ ऐसी संस्थाओं को भी इस प्रक्रिया में शामिल किया जाए जो समूह निर्माण की प्रक्रिया में लगी हैं।

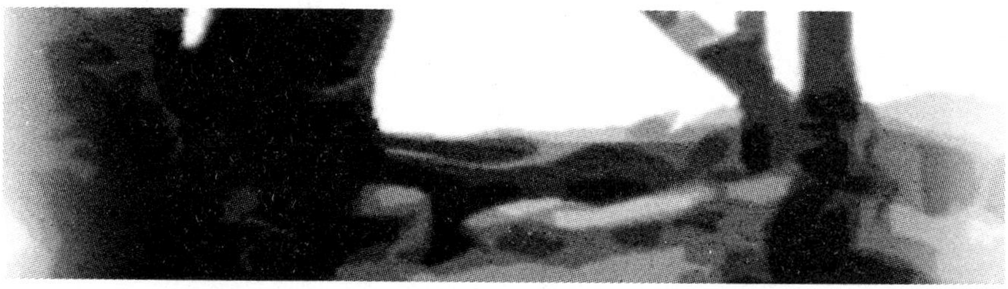

# घटना क्रम

**R/F 01**

- *नायुक देवी विशाल स्वयं सहायता समूह की एक सदस्या है। यह समूह तीन साल पुराना है। इस सदस्या ने 1200.00 रुपये (बारह सौ रुपये मात्र) समूह से ऋण लिया। दो सौ रुपये घर से मिलाकर इसने एक बछड़ा खरीदा। कुछ दिन पालने के बाद उसे पता चला कि इस बछड़े में एवट (जिसमें बैल अपना जीभ निकाल कर साँप की तरह करता रहता है) नामक बीमारी है, जिसके कारण यह संपूर्ण बैल बनकर हल जोतने का काम नहीं कर सकता था। एक साल रखने के बाद नायुक देवी ने उस बछड़े को 1600.00 रुपये में बेच दिया। जब उससे पूछा गया कि इस धन्धे में आपको घाटा लगा तो उसने इस प्रकार जवाब दिया।*

  *हमारे घर में कुल दस सदस्य हैं, जिनके खाना बनाने के लिए जलावान (केरोसिन, लकड़ी,*

**हमने क्या सीखा?**

*अगर परियोजना या अन्य किसी संस्था से इस सदस्या को इस तरह का बछड़ा दिया जाता तो उस बछड़े की सारी जिम्मेवारी उस परियोजना या संस्था के लोगों पर थोप देती और खुद बैठे रह जाती, लेकिन जब उसने अपनी मर्जी से इस तरह का काम किया तो उसने सीखा कि—पशु संबंधी बीमारी की जानकारी होनी चाहिए।*

गोबर का जलावन इत्यादि) में कुल खर्च प्रति दिन 15 रुपये बैठ जाता था। इस तरह साल में कुल खर्च 5000.00 रुपये (पाँच हजार रुपये) औसतन जलावन में लग जाता था। इस खर्चे में से 2500.00 रुपये इस बछड़े ने बचा दिया।

बछड़े की कुल लागत–

| | |
|---|---|
| कीमत– | 1200.00 |
| सालभर खिलाने का खर्च– | 1620.00 |
| ऋण का सूद– | 288.00 |
| कुल खर्च– | 3108.00 |
| कुल आमद– | |
| बेचने की कीमत– | 1600.00 |
| जलावन से बचत– | 2500.00 |
| कुल– | 4100.00 |

इस तरह कुल मुनाफा 992.00 रुपये का हुआ।

**R/F 02**

- बचत पेटी में जब 50-100 रुपये हो जाता है, तब सदस्यों से पूछा जाता है कि आप इसका उपयोग क्यों नहीं करते? सदस्यों द्वारा बताया जाता है, कि अभी हम लोगों को जरूरत नहीं पड़ी। इस तरह एक अभ्यास के तहत उसे उसकी जरूरत की याद दिलाई जाती है। और इस तरह सारे सदस्य मिलकर अपनी-अपनी जरूरतों का मूल्यांकन स्वयं से करने लगते हैं और आपस में लेन-देन प्रारंभ हो जाता है।

  इस तरह जब आपस में लेन-देन होने लगता है तो अधिकांश समूहों में से एक-एक सदस्य उस पैसे का प्राथमिकता के आधार पर तीन साल के अंदर 15-20 बार उपयोग कर चुके हैं।

छोटी-छोटी रकम से सदस्य उसका उपयोग करना सीख जाता है। इस तरह देखा गया कि जब समूह में बाहरी सूक्ष्म ऋण आने लगता है तो उसका सही उपयोग कर उसे वापस करता है।

**R/F 03**

- *बजरंगबली स्वयं सहायता समूह का गठन चार साल पहले ग्राम सिकरिया में हुआ था। इसका एक सदस्य रामअनूप वर्मा जो गठन के समय से ही समूह से जुड़ा है। यह सदस्य अपना जीविकोपार्जन मजदूरी कर किया करता था। इसने समूह से जुड़ने के बाद अपनी बचत का सही उपयोग करते हुए पाँच कट्ठा जमीन आलू की खेती करने के लिए बटाई पर ली।*

*आलू की खेती में लागत इस प्रकार है–*

| | |
|---|---|
| *नगद मालिक–* | *1100.00* |
| *खाद* | *185.00* |
| *आलू बीज* | *200.00* |
| *पटवन* | *200.00* |
| *स्वयं की मजदूरी का मूल्य (जुताई, रोपाई, निकौनी, इत्यादि)–* | *600.00* |
| *पेस्टिसाइड* | *50.00* |
| *कुल लागत मूल्य* | *2335.00* |

*कुल पैदावार 17 मन*

*17 मन आलू की कीमत 200 रुपये प्रति मन के हिसाब से कुल 3400.00 रुपये हुई।*

*शुद्ध मुनाफा (3400–2335)1065.00*

*इस प्रकार आलू की खेती में हुए मुनाफा को देखते हुए उसने अगली फसल के लिए एक बीघा खेत लीज पर लिया। जिसमें अभी धान की खेती की है।*

*क्षमता का विकास और संसाधन पर पहुँच होते ही जीविकोपार्जन के तरीके में परिवर्तन होने लगता है एवं सदस्यों में रिस्क लेने की क्षमता में विकास होने लगता है।*

**R/F 04**

रीता देवी गंगा स्वयं सहायता समूह ग्राम बेदौली की एक सदस्या है। इसके पास अपनी जीविका को चलाने के लिए थोड़ी-सी कृषि योग्य जमीन है। खेत के कुछ भाग में नहर का पानी नहीं पहुँच पाता है। जबकि यह जमीन कुछ गहरी है। जब पहली बरसात होती है, तो कोदो के समय ही खेत की जुताई करनी पड़ती है। रीता देवी ने समूह से 650.00 रुपये लेकर अपने खेत की जुताई की। वह बताती है, कि पहले समय पर रुपया उपलब्ध न होने के कारण समय पर जुताई नहीं कर पाती थी। आगे वह कहती है, कि ऐसी जमीन के लिए पहली बरसात के बाद दो-तीन दिन जुताई के लिए उपयुक्त है। इस वक्त जुताई नहीं होने पर खेत में घास की समस्या पैदा हो जाती है। अगर इस वक्त हम जुताई कर लेते हैं तो घास सूख जाती है एवं हाथों से खेत को समतल कर धान की रोपाई हो जाती है। इस प्रकार आगात जुताई होने से धान की अच्छी पैदावार होती है और गेहूँ लगाने के लिए उपयुक्त समय मिल जाता है। मुनाफा का विश्लेषण वह इस प्रकार बताती है—

1. समय पर जुताई नहीं होने से खेत को समतल करने के लिए ट्रेक्टर का उपयोग करना पड़ता है। जिसका खर्च लगभग 450-500 रुपये बैठ जाता है।
2. निकौनी का 100-150 रु. बच जाता है।

   जुताई होने से धान की पैदावार लगभग 5-6 किलो बढ़ जाती है।
4. गेहूँ की समय पर बुआई होने से इसकी पैदावार अच्छी मिल जाती है।

**सीख**—हर व्यक्ति लोगों की अपनी-अपनी सोच और समझ होती है, लेकिन अन्य संसाधन पर पहुँच न होने के कारण वह सही समय पर उसका उपयोग नहीं कर पाता है। अगर संसाधन पर उसकी पहुँच हो जाए तो वह बिना किसी की मदद लिए अपने विवेक से ही अपने जीविकोपार्जन को बढ़ा सकता है।

3. समय पर

**R/F 05**

*रीता देवी, जिसकी चर्चा हमने अपने केस नं. चार में की है। वह पहली बार समूह में 50.00 रुपये लेकर जनवितरण प्रणाली की दुकान से चार लीटर केरोसिन तेल खरीदी। जिसमें उसने अपने घरेलू खपत के लिए दो लीटर केरोसिन तेल रखा और दो लीटर गाँव के दूकानदार के हाथों ज्यादा कीमत पर बेच दिया। इस तरह की घटना लगभग हरेक समूह में चलती रहती है। यह सदस्या बताती है, कि जनवितरण प्रणाली की दूकान से केरोसिन तेल का वितरण करीब तीन माह पर एक से दो दिन ही होता है। इस तरह अगर समय पर पैसा नहीं हो तो हम लोगों को ब्लैक रेट से लगभग दुगुने कीमत पर तेल खरीदना पड़ जाता है। इस तरह समय पर पैसा मिल जाने से चार लीटर तेल में कम से कम 50.00 रुपये की बचत हो जाती है। सदस्या का कहना है कि जब से समूह बना है तब से वह इस तरह का फायदा उठा रही है।*

*इस तरह विभिन्न प्रकार की सरकारी और गैर-सरकारी संस्थाओं की स्कीम पर गरीब लोगों की पहुँच बन जाती है।*

**R/F 06**

*लक्ष्मी स्वयं सहायता समूह की एक सदस्या रेनू देवी अपनी पुत्री के प्रसव के लिए तीन सौ रुपये मध्य रात्रि को ली। प्रसव के लिए इस तरह से पैसे लेने की यही एकमात्र घटना नहीं है।*

**सीख**—*जब समूह के सदस्यों को इस तरह का फायदा होने लगता है तो समूह से उसके लगाव की कल्पना आप कर सकते हैं। संस्थाएँ इस तरह के लॉन को अनुत्पादक मानते हुए मुहैया नहीं कराती हैं, जो उसके वास्तविक जीवन से जुड़ा हुआ है।*

## R/F 07

पार्वती महिला स्वयं सहायता समूह का गठन चार साल पहले ग्राम शहररामपुर में किया गया। इस समूह में तेरह सदस्य हैं। समूह की सदस्या प्रारंभिक अवस्था से ही अपनी बचत का उपयोग अपने कार्यों के लिए करती है। इस समूह की एक सदस्या तेतरी देवी जिसका ढाई कट्ठा जमीन आज से दस साल पहले से सूद भरना पड़ा था। तेतरी देवी बहुत दिनों से जमीन छुड़ाने के लिए सोच रही थी, लेकिन पैसे के अभाव में छुड़ा पाना उसके लिए कठिन लग रहा था। समूह में एस. एल. पी. एस. के द्वारा 16000.00 रुपये ऋण के रूप में दिया गया। तेतरी देवी इस पैसे में से दस हजार रुपये समूह से कर्ज लेकर जमीन छुड़ाना चाहती थी। समूह की बैठक में जब तेतरी देवी ने 10000.00 रुपये के कर्ज की मांग की तो सदस्यों द्वारा बोला गया कि दस हजार रुपया आप अगर समय से वापस नहीं करेंगी तो हम लोग क्या करेंगे? तेतरी देवी को पैसे की जरूरत थी, उन्हें जमीन छुड़ा कर घर बनाना था। तेतरी देवी ने 10000.00 रुपये कर्ज के बदले समूह को गारण्टी के रूप में ढाई कट्ठा जमीन का कागज दे दिया। कागज इस शर्त पर रखा गया कि तेतरी देवी द्वारा पैसा वापस नहीं किया जाएगा तो जमीन के मालिक समूह के सदस्य होंगे।

**सीख**—इस तरह न जाने गाँव के कितने लोग ऐसे दलदल में फँसे हुए हैं, जिससे निकलना उनके लिए दिन-प्रति-दिन कठिन होता जा रहा है। समस्याएँ आने पर समूह के सदस्यों में स्वयं उसे सुलझाने की क्षमता आ जाती है।

## R/F 08

रानी महिला स्वयं सहायता समूह का गठन तीन साल पहले ग्राम शहररामपुर में हुआ था। इस समूह में नौ सदस्या हैं। इसकी एक सदस्या विमला

**सीख**—इस तरह से इनकम जेनेरेशन एक्टिविटि (आई. जी.

कुंवर जो शुरुआती दौर से ही गाँव में फेरी वाला काम करती है। इसने अपना धंधा 300-400 रुपये गाँव से 5 प्रतिशत सूद पर लेकर शुरू किया था। सूद की दर अधिक होने के कारण यह बड़ा कर्ज लेना नहीं चाहती थी। पहले सिर्फ 300-400 रुपये लेकर गाँव के नजदीकी बाजार से चूड़ी लाती थी। अब यह समूह से जुड़ने के बाद समूह से 1000.00 रुपये लेकर अपने धंधे में बढ़ोतरी करते हुए चूड़ी के साथ-साथ श्रृंगार के कई सामान रखती है। पहले यह गाँव के नजदीकी बाजार से सामान लाती थी अब वह थोक बाजार से सामान लाती है, और अच्छी बचत कर पाती है।

ए.) से गाँव में बहुत सारे लोग जुड़े हुए हैं, जिन्हें सरकारी या गैरसरकारी संस्थाओं को पहचान कर उन्हें प्रोत्साहित करने की जरूरत है।

**R/F 09**

सीता स्वयं सहायता समूह की एक सदस्या विमला देवी है। जिसके गठन को लगभग ढाई साल हो गए। जो समूह निर्माण से पहले दूसरों के खेतों में मजदूरी कर अपनी जीविका चलाती थी। समूह से जुड़ने के बाद पहली बार वह समूह से ऋण लेकर 15 कट्ठा जमीन लीज पर ली। इस समूह से जब ऋण की राशि मिली तो विमला देवी 3000.00 रुपये समूह से ऋण लेकर एक बीघा जमीन लीज पर लेकर खेती का कार्य कर रही है। इस तरह इस साल (2005-6) विभिन्न समूहों के पचीस सदस्य खेती का कार्य कर रहे हैं। विमला देवी बताती है कि इस तरह से लीज पर जमीन लेकर खेती का कार्य करने में धान की फसल से जो फायदा होता है वह सूद और जमीन लीज पर लेने में लग जाता है, और गेहूँ की फसल उसका मुनाफा हो जाता है।

**सीख**—अक्सर देखा गया है कि, जमीन मालिक के पास ही खेती की नई तकनीकी जानकारी देने की कोशिश की जाती है। वास्तव में इस तरह के कई उदाहरण हैं, जिन्हें तकनीकी की जानकारी होने पर, वह उसको अमल में लाकर ज्यादा मुनाफा कमा सकते हैं।

## R/F 10

*सिकरिया गाँव में समूह निर्माण का कार्य अगस्त 2001 से प्रारंभ हुआ था। इस गाँव में वर्तमान समय में चार स्वयं सहायता समूह चल रहे हैं। जिसमें एक सरस्वती महिला स्वयं सहायता समूह का गठन 15.10.2001 को हुआ। इस समूह में कुल दस महिला सदस्या हैं। इस समूह के सदस्यों द्वारा समूह गठन के समय बचत राशि मात्र एक रुपया प्रति सदस्य प्रति सप्ताह की दर से थी। अब इन्होंने अपनी बचत राशि को 12.01.03 से बढ़ाकर दो रुपया प्रति सदस्य प्रति सप्ताह कर लिया है। इस तरह इस समूह की कुल बचत राशि 31.10.05 तक 2771.00 रुपये है। इस समूह में सदस्यों के द्वारा आपसी लेन-देन के रूप में कुल 48906.00 रुपये का उपयोग किया गया। इस कुल लेन-देन में बाहरी ऋण के रूप में 28500.00 रु. दिया गया। कुल लॉन में से 35111.00 समूह के सदस्यों द्वारा वापस किया गया है। अभी समूह के सदस्यों के पास शेष राशि कुल 12553.00 रुपये ऋण के रूप में है। ऐसी घटनाएँ लगभग सभी समूह में पायी गई हैं।*

*केवल बचत करना ही पर्याप्त नहीं है, उसे ऋण में लगाने से समूह की क्षमता में विकास होता है और ऐसा होने पर बचत के अनुपात में बाहरी ऋण देना उचित है।*

स्वयं सहायता समूह के लाभार्थी

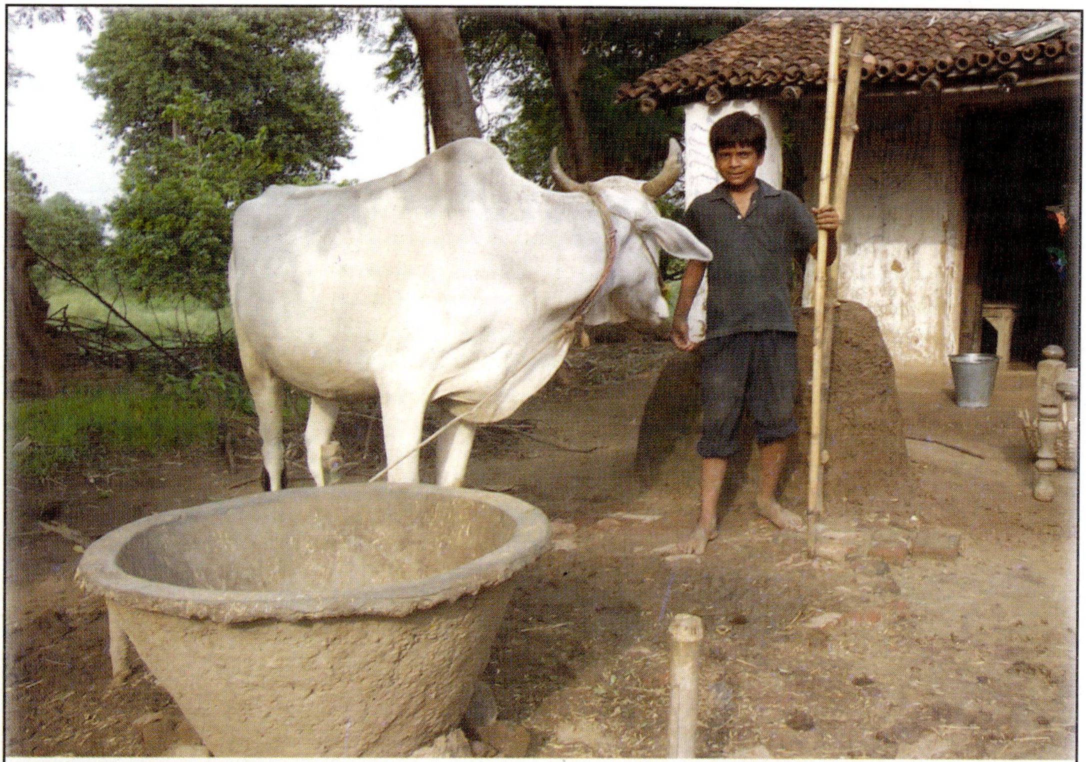

Calvin Klein